VIVRE DE SON ART

Groupe Eyrolles
61, bd Saint-Germain
75240 Paris Cedex 05
www.editions-eyrolles.com

Le Code de la propriété intellectuelle du 1er juillet 1992 interdit en effet expressément la photocopie à usage collectif sans autorisation des ayants droit. Or, cette pratique s'est généralisée notamment dans l'enseignement, provoquant une baisse brutale des achats de livres, au point que la possibilité même pour les auteurs de créer des œuvres nouvelles et de les faire éditer correctement est aujourd'hui menacée.

En application de la loi du 11 mars 1957, il est interdit de reproduire intégralement ou partiellement le présent ouvrage, sur quelque support que ce soit, sans autorisation de l'éditeur ou du centre français d'exploitation du droit de copie, 20, rue des Grands-Augustins, 75006 Paris.

© Groupe Eyrolles, 2015
ISBN : 978-2-212-56129-6

Laurence Bourgeois

VIVRE DE SON ART

Les clés de la réussite
pour concilier passion et business

EYROLLES

Sommaire

Remerciements 11

Introduction 13

Avant de commencer... 19
Un peu d'échauffement cérébral 19
Des objectifs artistiques clairs 21
Esprit business, es-tu là ? 24

Partie I
Les savoir-faire

Savoir-faire n°1
Définir vos objectifs 31
« SMARTiser » vos objectifs 31
Travailler sur un prévisionnel d'activité 33
Définir vos objectifs financiers 33

Savoir-faire n°2
Identifier les étapes clés de la démarche marketing ... 37
Votre stratégie en trois étapes 38
Votre plan opérationnel en quatre
grandes actions 39
Vos principaux outils de pilotage 39

Savoir-faire n°3
Vous positionner 41
Positionner vos produits 43
Le positionnement, un argument de vente 45
Le positionnement, une réponse à vos objectifs 45
Le produit artistique doit-il répondre à un besoin ? ... 46
Positionner vos prix 49
Prix hauts 49
Prix bas 50

Savoir-faire n° 4
Définir votre marché 51
Le marché de l'art, un marché particulier 51
Une demande difficile à cerner 51
Une offre infinie 51
Une demande illimitée 52
Une qualité subjective 52
Une concentration des gains 53
À quel(s) marché(s) vous adresser ? 53
Marché défini en fonction d'une zone géographique 54
Marché défini en fonction des thématiques développées 54
Marché défini en fonction des prix pratiqués
et des formats proposés 55

Savoir-faire n° 5
**Élaborer et mettre en œuvre votre politique
de relations clients** 57
Les éléments de votre base de données clients 57
Deux types de fichiers 57
Qualification des contacts 59
Choix de rubriques clés 59
Comment constituer votre liste de contacts ? 60
Rencontrer cinq nouveaux interlocuteurs 60
Dresser le mapping de vos relations 61
Faire vivre votre fichier de contacts 62
Miser sur les relais d'influence 62
Rester à l'écoute 63

Savoir-faire n° 6
Élaborer et mettre en œuvre votre plan d'action annuel 65
La production 67
Les outils de communication 68
Une visibilité accrue 68
Le nom de domaine 70
La carte de visite 70
Le CV 71
Le book 71
Les cartons d'invitation 72
Les actions de marketing direct 73
Les canaux de diffusion 74
Quelques conseils 74
Les marchés, salons et foires d'art contemporain 77
Les galeries 80
Les ateliers portes ouvertes 83

La presse 84

Internet 84

Les professionnels 88

Savoir-faire n° 7

Fixer le prix de vos œuvres 91

Quels critères prendre en compte ? 91

La taille de vos œuvres 92

La technique employée 92

Les frais engagés pour créer 92

La notoriété, l'expérience et la cote de l'artiste 94

Adapter et tester vos prix 94

Des prix cohérents 94

Les fondements du positionnement 96

Communiquer sur vos prix 97

Savoir-faire n° 8

Vendre vos œuvres 99

Conseils pour dynamiser vos ventes 100

Endroit d'exposition 100

Ouverture d'esprit 101

Valorisation 101

Questions ouvertes 102

À l'écoute 102

Arguments et messages non verbaux 103

Le traitement des objections 103

Le service client 106

La livraison des œuvres 107

L'information des clients 109

Partie II

Les savoirs

Savoir n° 1

Les acteurs du marché 117

Les créateurs 117

Les consommateurs finaux 118

Les consommateurs intermédiaires 118

Les galeristes 118

Les maisons de ventes aux enchères 118

Les antiquaires 118

Les courtiers 119

Les tiers 119

Les critiques d'art 119

Les experts ou consultants 119
Les conservateurs de musées 119
Les commissaires d'exposition 120
Les agents artistiques 120
Les pouvoirs publics 120

Savoir n° 2
L'histoire de l'art 121

Savoir n° 3
Les notions juridiques, fiscales et sociales 125
L'artiste amateur 127
Le statut d'artiste auteur 128
L'obligation d'une déclaration sociale et fiscale 128
Le choix du régime fiscal 131
La taxe sur la valeur ajoutée (TVA) 132
La création d'entreprise 133
La séparation des comptes bancaires 135
Les impacts sociaux 135

Savoir n° 4
Les techniques de communication 137
La communication orale 137
Employer le « je » 137
Clarifier les messages 138
Parler en public 139
La communication écrite 139

Savoir n° 5
L'anglais 143
Du prix au CV 144
L'outil incontournable pour une carrière internationale 144

Savoir n° 6
La gestion de projet 147
L'organisation du temps 149
Le respect des engagements 151

Savoir n° 7
Les chiffres 153
La règle de 3 153
Le pourcentage 154
Le compte de résultat 156

Savoir n° 8
Excel 163

Savoir n° 9
Et la technique dans tout ça ? 167
Tous artistes 167
Tous acheteurs 169

Partie III
Les savoir-être

Savoir-être n° 1
Adopter une position de gagnant 175
Les positions de vie 175
L'attitude positive 180
 Transformer l'énergie négative en énergie positive 180
 Prendre du recul 181
 S'inscrire sur du long terme 181

Savoir-être n° 2
Être à l'écoute 183
Vive le silence ! 183
Des outils utiles 184
 Le questionnement 184
 La reformulation 184
 La synthèse 185

Savoir-être n° 3
S'ouvrir 187
L'ouverture sur soi 187
L'ouverture sur les autres 188
 Halte aux jugements ! 188
 Halte aux a priori ! 189
 Halte aux critiques ! 189
L'ouverture sur d'autres sources de business 190

Savoir-être n° 4
Accepter la remise en question 193

Savoir-être n° 5
Savoir dire «Non» 197
Dire « Non » à soi et aux autres 197
Un non bénéfique 198
Le poids de l'expérience 199

Savoir-être n° 6
Aimer sortir 201
Sortez 202
Échangez 202

Savoir-être n° 7
S'acharner 205
Volonté et détermination 205
Patience 206
Espérance 206
Assiduité 207

Savoir-être n° 8
Sourire 209
Pour faciliter les échanges 209
Pour rassurer 210
En toutes circonstances 210

Conclusion 213

Bibliographie 215
Art et management de l'art 215
Marketing et gestion 215
Développement personnel et efficacité professionnelle 216

Sites Internet utiles 217
Art et statistiques 217
Droit, fiscalité et création d'entreprise 217
Aides au développement de projets artistiques 218

Index 219

Remerciements

Merci à tous les artistes, galeristes et collectionneurs d'art qui m'ont fait partager leurs expériences et avec qui j'ai eu des échanges constructifs m'ayant permis de nourrir cet ouvrage.

Merci à toutes celles et ceux qui, ayant lu *Profession artiste, Vivre de son art*, ont contribué à en faire la référence de tout artiste désireux de promouvoir son œuvre. Sans eux, cette deuxième édition, actualisée et enrichie, n'aurait pu voir le jour.

Merci aux éditions Eyrolles de continuer à me faire confiance, afin d'offrir aux artistes amateurs ou professionnels, débutants ou expérimentés, agents, étudiants et passionnés d'art, un outil qui les guidera dans leur réussite.

« Un produit qui ne se vend pas n'est pas un produit ; c'est une pièce de musée » (Theodore Levitt, économiste américain).

Estimez-vous que vos œuvres non vendues méritent toutes leur place au musée ?

OUI ❑ Refermez sans plus tarder cet ouvrage

NON ❑ Ce livre est fait pour vous. Bonne lecture !

Introduction

Le marché de l'art, fortement dynamisé par le développement des nouvelles technologies de l'information et de la communication (pour preuve l'émergence des galeries virtuelles et des ventes aux enchères d'art sur Internet), ainsi que par la multiplication des lieux de diffusion des œuvres, offre aujourd'hui aux artistes amateurs comme professionnels, de nombreuses occasions de communiquer sur leurs créations et de les exposer.

Affichant la ferme volonté de promouvoir leur travail artistique, ces derniers enchaînent les manifestations leur permettant de le présenter au public et d'accroître leur notoriété. Que ces événements artistiques durent une journée ou une semaine, j'ai pu me rendre compte grâce aux nombreux échanges que j'ai entretenus avec des artistes sur ces lieux d'exposition que leur humeur est souvent instable, touchée de plein fouet par leurs succès ou ce qu'ils perçoivent comme des échecs. Ainsi, une vente suscitera chez eux un grand enthousiasme et aura le mérite de leur « *booster* » le moral. Cependant, pour peu qu'ils ne parviennent pas à en décrocher rapidement d'autres, cette euphorie éphémère cède facilement la place à la déception et à la résignation. Et si, au cours de leurs prochaines expositions, c'est à nouveau le calme plat, un découragement plus profond risque de prendre le dessus.

Il existe ainsi souvent chez les artistes une frustration et une incompréhension de ne pas toujours rencontrer le succès auprès du public. Pire que tout, ils ont l'impression de ne pas susciter l'intérêt de l'autre et de ne pas obtenir ce qui valorise leur œuvre : le regard attentif du public sur leur travail et, *in fine*, la vente. De là à penser qu'ils n'existent pas et qu'ils n'ont pas choisi la bonne voie, il n'y a qu'un pas. Découragés, ils peuvent être tentés de baisser les bras, sans forcément essayer d'identifier les clés de leurs succès ou les raisons de leurs échecs. Ils parviennent difficilement à se remettre en question.

Combien de fois ai-je entendu ces personnes mettre en avant de fausses bonnes excuses pour justifier de leurs non-succès ?

En pratique

Paroles d'artistes récurrentes

- De fausses bonnes excuses sur l'environnement :

« *C'est la crise* » (période peu propice aux achats).

« *Nous sommes trop nombreux sur le marché* » (une offre trop importante).

« *Le mauvais temps ne nous a pas aidés.* »

- Des *a priori* sur les œuvres (et le plus souvent sur celles d'autres artistes) :

« *Là, il n'y a aucune technique ! C'est triste à dire, mais c'est ce qui marche aujourd'hui…* »

« *Moi aussi je peux le faire !* » Ou encore mieux : « *Ma fille de cinq ans pourrait faire la même chose !* »

« *Les grands formats, ça ne marche plus…* »

- Des jugements sur les outils de communication et sur les canaux de distribution :

« *Un* book, *c'est cher et ça ne sert pas à grand-chose* » ou « *Le problème d'un site Internet, c'est que personne ne le visite !* »

« *Il faut privilégier les expositions qui ont lieu juste avant Noël, pour les cadeaux* »… et d'autres pour qui, au contraire, « *en hiver, il fait trop froid pour que les gens sortent de chez eux* ».

…/…

> *«Dans les restaurants, il n'y a jamais de vente»*.
>
> • Des avis tranchés sur le levier du prix :
>
> *«Je ne peux quand même pas baisser mes prix !»* (parce que j'y ai passé du temps ou bien parce que le prix des matériaux utilisés est élevé).
>
> *«Je ne veux pas baisser mes prix»* (parce que j'ai déjà vendu une œuvre à un prix élevé ou bien parce que ce serait dévaloriser mon travail).

Un individu doté d'un œil marketing et d'un esprit business aurait tôt fait de s'apercevoir que dans bien des cas, ce qui manque à ces artistes désirant promouvoir leur art est une **démarche entrepreneuriale** forte structurée autour de **compétences clés** et un vrai mental de **gagnant**. Peut-être les artistes considèrent-ils trop souvent qu'une approche *business* n'est pas compatible avec leur vocation ?

Si c'est le cas, ils se rendront rapidement compte que, confrontés à une concurrence de plus en plus rude, ils devront à tout prix s'ôter de l'esprit qu'une voie artistique est antinomique d'une approche économique. S'il est vrai que pendant longtemps, *«gagner de l'argent»* a été un des *«reproches les plus couramment formulés à l'égard des artistes, en particulier en France [...], les mentalités sont en train de changer sur ce point, notamment avec la médiatisation des réussites exemplaires des artistes businessmen[1]»*. Andy Warhol en est certainement l'exemple type le plus connu, clamant haut et fort que *«l'art des affaires est l'étape qui succède à l'art. J'ai commencé comme artiste commercial* [Warhol fait ici allusion à son métier de *designer* pour une marque de chaussures dans les années 1950], *et je veux finir*

---

1. Maison Rouge (de), I., *Salut l'artiste*, Le Cavalier Bleu, coll. «Idées reçues», 2010, p. 20-21.

comme artiste d'affaires[1] » ou encore que « *gagner de l'argent est un art, travailler l'est également et faire de bonnes affaires est le plus bel art qui soit*[2] ».

Sur la base de ces constats, et parce que je suis convaincue qu'il est tout à fait possible de combler l'écart entre ce à quoi les artistes aspirent et ce à quoi ils sont confrontés dans leur réalité quotidienne, j'ai eu envie de réaliser ce guide pour tous les créateurs qui décident de se donner les moyens afin que le succès soit au rendez-vous.

Ainsi, cet ouvrage s'adresse non seulement aux artistes amateurs et professionnels (peintres, sculpteurs, photographes, mosaïstes, graphistes, plasticiens, dessinateurs, etc.), débutants ou expérimentés, mais également à leurs agents, ainsi qu'à tous les passionnés d'art ayant l'intention de se lancer un jour ou l'autre dans l'aventure artistique (étudiants en écoles d'art ou de design notamment).

Je vous propose dans cet ouvrage un **référentiel de compétences** articulé autour d'un savant mélange de **savoir-faire** (fortement emprunts des grands principes marketing), de **savoirs** et de **savoir-être**. Ce référentiel dresse une liste exhaustive de **compétences clés requises par tout entrepreneur.** La dimension entrepreneuriale est en effet une condition *sine qua non* à la promotion efficace de votre art.

Selon le cas, ces compétences seront à acquérir ou à approfondir (car beaucoup d'entre vous sont loin d'être novices et ont déjà été largement exposés à des publics divers: galeristes, collectionneurs, marchands d'art, journalistes, grand public, etc.).

---

1. « *Business art is the step that comes after art. I started as a commercial artist, and I want to finish as a business artist.* »
2. « *Making money is art and working is art and good business is the best art.* »

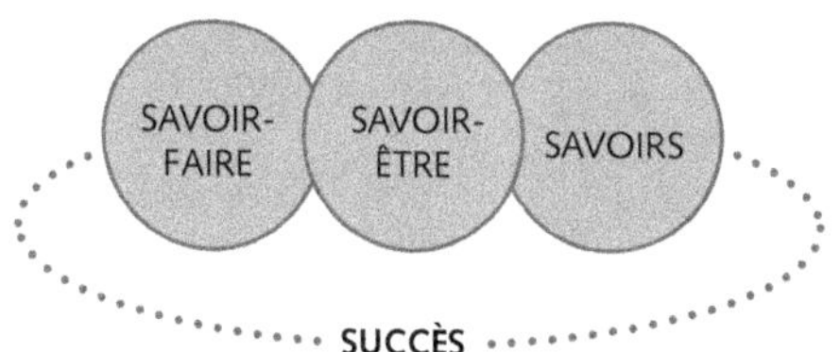

Les trois dimensions du succès

Nous allons étudier en quoi et comment cette combinaison de savoir-faire, de savoirs et de savoir-être conditionne la réussite de l'artiste désireux de vendre ses œuvres. Au fil de votre lecture, vous découvrirez également les **trois règles d'or** de l'artiste entrepreneur.

Cet ouvrage n'a pas la prétention de vous prédire si vous allez à coup sûr susciter l'intérêt de votre public, si les ventes sont systématiquement au rendez-vous ou bien si, un jour ou l'autre, vous pourrez ou non vivre de votre art. Tout au moins, il vise à vous fournir des compétences, outils et idées nécessaires à la réalisation de la carrière que vous avez projeté de mener.

Je l'ai conçu comme un compagnon de route qui vous guidera dans votre démarche entrepreneuriale. J'espère qu'il vous permettra quoi qu'il en soit de vous donner les moyens de vivre votre passion.

Bonne lecture !

Avant de commencer...

Avant de vous plonger dans la lecture de ce manuel, j'aimerais attirer votre attention sur trois prérequis absolument incontournables sur lesquels vous allez devoir vous pencher afin que les idées, conseils et méthodes présentés dans les chapitres qui suivent puissent prendre tout leur sens et que vous soyez en mesure de les appliquer.

Un peu d'échauffement cérébral

Je souhaite ici vous faire part de l'apport des neurosciences cognitives qui ont établi l'existence chez chacun d'entre nous d'une asymétrie cérébrale, c'est-à-dire de *« l'inégale implication des deux hémisphères du cerveau dans les différentes fonctions mentales[1] »*.

Même s'il est vrai que dans la communauté scientifique, la question de cette asymétrie cérébrale fait encore l'objet de nombreuses controverses, ce thème connaît une grande célébrité auprès du grand public, qui utilise aujourd'hui largement la terminologie « cerveau droit, cerveau gauche » pour désigner les modes de fonctionnement et de pensée dominants chez tout un chacun.

------

1. Wikipédia, « Asymétrie cérébrale », mise à jour le 8 octobre 2014.

L'hémisphère droit de notre cerveau gère les images, les émotions, les intuitions. Il innove. Une personne « cerveau droit » utilisera par exemple volontiers les comparaisons. Le cerveau droit, c'est le lieu du ressenti et de la créativité. Cet hémisphère est donc particulièrement développé chez tous les artistes. En effet, l'univers de l'art fait appel à l'imagination, au rêve, à la mémoire et aux passions du créateur comme du spectateur.

L'hémisphère gauche, quant à lui, analyse les situations et les problèmes. C'est l'hémisphère du raisonnement. Il gère le langage et les codes. Une personne très « cerveau gauche » a un esprit logique, analytique, rationnel. Elle est très à l'aise avec la théorie. Elle analyse et met en œuvre des plans d'actions efficaces répondant à des objectifs précis.

L'idéal serait de favoriser la communication entre ces deux cerveaux, de façon à sentir dans un premier temps ce qui serait approprié pour gérer une situation donnée (cerveau droit), puis à identifier et à mettre en œuvre les bons outils pour l'appréhender le plus efficacement possible (cerveau gauche). Même si nous faisons toujours appel à ces deux hémisphères, notre éducation, notre formation ou notre tempérament nous ont parfois conduits à privilégier l'un au détriment de l'autre.

Ainsi, nous avons tous au départ plus ou moins d'affinités avec l'analyse, l'organisation ou la gestion. Toutefois, je suis absolument convaincue qu'un artiste ne peut réussir que s'il dispose d'un « cerveau gauche » lui aussi bien développé. Pour cela, il devra s'astreindre à un minimum de gymnastique cérébrale.

Je ne vous demande pas de vous transformer du jour au lendemain en mathématicien ou en expert-comptable, mais j'aimerais vous faire prendre conscience de la nécessité d'acquérir ou d'entretenir une démarche structurée de collecte d'informations, de synthèse et d'analyse, afin d'en tirer des plans d'actions efficaces qui vous permettront d'atteindre les objectifs que vous vous serez fixés.

Des objectifs artistiques clairs

« Savoir où vous voulez aller, qui vous voulez devenir, c'est votre meilleur atout. Sans but, il est difficile de marquer des points[1]. »

Quel artiste rêvez-vous d'être ? La réponse à cette question découle d'une réflexion poussée sur ce qui vous motive vraiment, à savoir sur ce qui vous fait lever le matin et avancer jusqu'au soir. Par exemple, avez-vous l'intention :

- d'entrer dans l'histoire de l'art ?

- de devenir chef de file d'un nouveau mouvement artistique ? (Avez-vous alors déjà pensé à ajouter le suffixe « -isme » à votre nom ?)

- d'être nationalement, voire internationalement connu ?

Ou, au contraire, trouvez-vous plus réaliste d'être déjà reconnu dans votre région ou dans le cercle de vos connaissances ?

Ou encore, n'avez-vous finalement aucune ambition quant à votre degré de notoriété artistique, considérant que votre mission consiste uniquement à créer ? Si tel est le cas, ce guide risque fort de ne pas vous être d'un grand soutien.

Prenez d'abord le temps de bien réfléchir à ces questions, d'y apporter des réponses avec lesquelles vous vous sentirez parfaitement à l'aise et qui révéleront finalement votre niveau d'ambition. Je vous invite ensuite à essayer de trouver votre profil dans la typologie suivante, issue d'une enquête réalisée en 2002 et présentée dans *Beaux Arts magazine*[2] :

– La star : l'artiste largement connu et reconnu, qui pourrait presque ajouter le suffixe « -isme » à son nom, parce qu'il a l'intime conviction de marquer l'histoire de l'art.

---

1. Arden, P., *Vous pouvez être ce que vous voulez être*, Phaidon Press Ltd., 2004, p. 4-5.
2. D'après *Beaux Arts magazine*, in *L'art contemporain* au-delà des idées reçues, Maison Rouge (de), I., Le Cavalier Bleu, coll. « Idées reçues », 2009, p. 37.

– Le chef d'entreprise ou l'entrepreneur : celui chez qui le *business* prédomine et qui raisonne en termes de production, coûts, chiffre d'affaires et retour sur investissement. Celui qui appartient à cette catégorie considère son activité artistique comme un vrai métier et non pas uniquement comme une simple passion ou un passe-temps occasionnel.

– L'enseignant : l'artiste qui s'est lancé dans une activité professionnelle éducative complémentaire à son métier artistique.

– Le commissaire d'exposition : celui qui a trouvé sa voie dans les lieux de présentation de l'art.

– La jeune pousse : le jeune artiste prometteur, le plus souvent titulaire d'un diplôme artistique réputé. Beaucoup de *buzz* est fait autour de cet artiste en vogue que les galeries « branchées » commencent à s'arracher.

– Le directeur d'institution : celui qui est au cœur des structures de diffusion de l'art contemporain.

– L'artiste « en squat » : celui désireux de vivre avant tout une expérience humaine au travers de sa création artistique.

Réfléchir à vos aspirations artistiques revient peu ou prou à définir, comme on le fait en marketing, des **objectifs stratégiques de long terme**, qui se déclineront en objectifs opérationnels de court ou moyen terme. Sans un minimum de réflexion en amont sur vos attentes artistiques et sur la direction que vous envisagez de prendre à longue échéance, il vous sera difficile de comprendre où vous en êtes et de vérifier que tous vos pas vous mènent dans la bonne direction.

Quelle que soit la voie dans laquelle vous souhaitez vous engager, sachez que **les *stars* sont rares**[1] ; peu d'artistes peuvent vivre uniquement de leur art. D'après Franck P.,

---

1. La distribution très concentrée des gains sur le marché de l'art est nommée « *star system* » : la proportion de *stars* est relativement très faible, mais ces dernières représentent à elles seules la grande majorité des revenus artistiques.

galeriste parisien, « *dans le contexte économique actuel, même les stars connaissent des périodes très difficiles. Il y a une aura autour du métier d'artiste, mais le nombre d'artistes qui parviennent à tirer leur épingle du jeu est infinitésimale* ». La question suivante revient très souvent sur les lieux d'exposition : « *En dehors de votre activité artistique, dans quel domaine travaillez-vous ?* » En effet, nombreux sont les artistes qui exercent une ou plusieurs activités parallèles, artistiques ou non, par exemple artiste-enseignant, artiste-formateur, artiste-critique, artiste-coach, etc. Dans la grande majorité des cas, cette pluriactivité est guidée par des raisons financières[1]. Par nécessité économique, ils mènent ainsi en quelque sorte une « double vie » professionnelle, leur permettant de répondre aux réalités actuelles du marché de l'art. Aujourd'hui, seuls les artistes dont le nom est entré dans l'histoire de l'art sont à l'abri des remous du marché.

Si l'attrait financier du métier est somme toute plutôt limité, le nombre d'artistes a pourtant considérablement évolué ces dernières années.

Ainsi, dans un contexte de concurrence accrue et d'environnement économique peu favorable, je ne saurais que trop vous recommander d'être réaliste dans votre approche ; pour cela, il suffit de savoir positionner correctement le curseur entre vos aspirations et la réalité du marché. Si le marché de l'art reste en effet dynamique et ouvre aux artistes de nombreuses opportunités d'exposer, de valoriser et de vendre leurs œuvres, il n'en demeure pas moins qu'il est touché de plein fouet par le contexte économique. Par exemple, en période de récession, il va de soi que l'achat d'une œuvre d'art ne répondant pas à un besoin vital, son achat risque fort d'être reporté à des jours meilleurs.

---

1. Moureau, N., Sagot-Duvauroux, D., *Le marché de l'art contemporain*, La Découverte, coll. « Repères culture communication », 2010, p. 32.

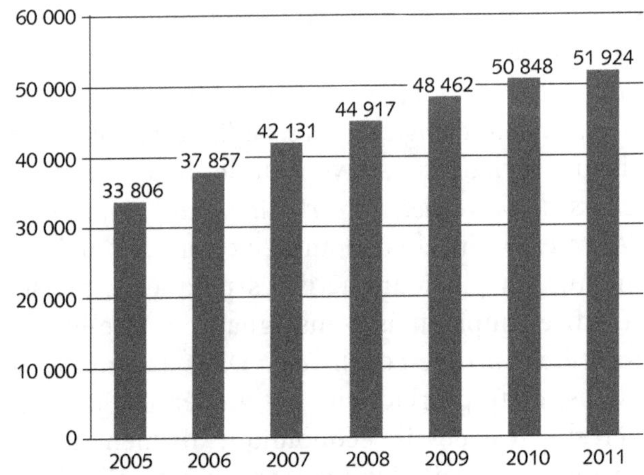

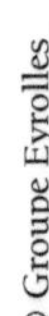

■ Évolution du nombre d'artistes cotisant à la Maison des artistes (assujettis et affiliés) entre 2005 et 2011[1,2]

Esprit business, es-tu là ?

Si vous n'êtes pas convaincu à cent pour cent de vouloir entrer dans une démarche entrepreneuriale, vous aurez beau mettre en œuvre tous les savoirs, savoir-faire et savoir-être requis par tout bon chef d'entreprise, vos efforts seront vains.

Il n'est pas rare de rencontrer des artistes qui, bien qu'affichant la volonté de vendre leurs œuvres, mettent (consciemment ou non) des barrières à la réalisation de leurs objectifs. N'avez-vous jamais entendu dire : « *Cette œuvre, je décide de l'exposer mais au fond de moi, j'aimerais qu'elle ne parte pas car j'y suis trop attaché.* » Assurément, dans ce cas, le « vouloir faire » n'est pas au rendez-vous…

---

1. « Chiffres clés 2009 », ministère de la Culture et de la Communication, Chantal Lacroix, La Documentation française, 2009, p. 52.
2. « Chiffres clés 2013 », ministère de la Culture et de la Communication, La Documentation française, 2013, p. 85.

La maîtrise des compétences sur lesquelles nous allons nous arrêter (qui touchent les domaines du marketing, de la vente, de la communication, du droit, de la fiscalité et de la finance) ne suffit donc pas. En effet, pour faire de votre activité artistique une activité entrepreneuriale, encore faut-il être doté d'un vrai **état d'esprit business**. Ceci implique *de facto* que non seulement vous êtes convaincu qu'art et *business* font bon ménage, mais aussi que vous avez la ferme volonté de développer une vision stratégique génératrice de chiffre d'affaires.

Par exemple, avez-vous déjà songé à identifier des sources de croissance ou des opportunités d'affaires en imaginant de nouveaux produits ou services, puis de les positionner par rapport à l'offre existante sur le marché de l'art ? Pourquoi ? De quels atouts disposez-vous pour développer votre activité sur ces nouveaux créneaux ? Quelles barrières aurez-vous à franchir ? Avez-vous vraiment **envie** de générer du *business* ?

Le « vouloir faire » est indissociable du **désir**, et plus particulièrement du désir de répondre aux défis engendrés par le développement de votre projet entrepreneurial. Au quotidien, votre désir d'entreprendre se concrétisera non seulement par votre comportement innovateur et votre volonté de façonner votre propre environnement, mais aussi par votre souci de vous fixer des objectifs ambitieux et de les atteindre.

Un manque de « vouloir faire » constitue un défaut impardonnable qui empêchera toute réussite.

L'objectif des chapitres qui vont suivre est de vous faire prendre conscience que quels que soient vos objectifs et vos aspirations, vous réussirez si, au-delà de la création d'œuvres de qualité, vous parvenez à :

• définir une stratégie claire et à mettre en œuvre les moyens de communication, de diffusion et de suivi les plus appropriés vous permettant d'atteindre vos objectifs ;

- acquérir les savoirs de base indispensables à toute carrière artistique ;
- véhiculer les savoir-être incontournables pour réussir.

Partie 1
LES SAVOIR-FAIRE

En termes de ressources humaines, le savoir-faire est défini comme la maîtrise d'une ou de plusieurs techniques indispensables à la pratique d'un métier. Comme vous pourrez le constater, les savoir-faire recouvrent des compétences transverses et sont transposables à d'autres domaines de votre vie professionnelle ou personnelle.

L'objectif de cette première partie est de vous permettre d'acquérir des techniques simples issues du domaine marketing, ainsi que de bons réflexes, afin de gérer au mieux votre activité et d'atteindre ainsi vos objectifs de visibilité, de notoriété et… de vente !

Règle d'or n° 1

ORGANISER VOTRE TEMPS SELON LE PRINCIPE DU 50/50

Voici une première règle d'or relative à l'organisation de votre temps de travail, à respecter impérativement si vous avez la ferme volonté de voir votre démarche entrepreneuriale couronnée de succès.

Répartition du temps consacré par l'artiste à son activité artistique	
50 % (au plus) : temps consacré à la production (création)	50 % (au moins[1]) : temps consacré à la promotion et à la gestion

Cette répartition nous rappelle que l'artiste qui souhaite s'engager dans la voie de la promotion de son art doit être un **entrepreneur**, c'est-à-dire un individu qui fait de son activité artistique une activité économique. Ainsi, l'entrepreneur produit, diffuse et commercialise ses œuvres auprès

---

1. Certains, comme le célèbre photographe américain John R. Math, vont jusqu'à recommander aux artistes de passer 80 % de leur temps dans les activités de gestion et marketing. Il faut croire que cela lui a réussi : il a débuté sa carrière en tant que professionnel en 2006 et a enchaîné depuis plus de quatre-vingt-cinq expositions, et vendu son art à des collectionneurs privés et dans des galeries de renom (source : http://artmarketingsecrets.com).

de clients bien identifiés. Il définit et met en œuvre une stratégie ainsi que des moyens matériels, humains (prestataires, confrères) et financiers lui permettant d'atteindre ses objectifs de chiffre d'affaires et de rentabilité.

Ce faisant, il doit forcément passer beaucoup de temps (au moins la moitié) à développer son *business*. Si vous estimez ne pas dédier suffisamment de votre temps à ces activités « hors production », il est facile d'appliquer le conseil préconisé par le célèbre photographe américain John R. Math, visant à augmenter progressivement par paliers le temps de promotion et de gestion : passer de 20 % à 40 %, puis à 60 %, pour atteindre… 80 % ! Attention toutefois à ne pas tomber dans l'excès inverse, car votre production d'œuvres constitue la base de votre activité entrepreneuriale (lire page 67).

Comme nous l'avons mentionné en introduction, la **logique business**, loin d'être incompatible avec la démarche artistique, **vient en appui de votre mission de création** (rappelez-vous les paroles d'Andy Warhol !).

Et qui dit *business* dit avant tout objectifs. Votre première mission consiste donc à vous fixer des objectifs et à identifier des critères de mesure vous permettant d'évaluer leur degré d'atteinte.

Savoir-faire n° 1

DÉFINIR VOS OBJECTIFS

Si vous deviez citer ne serait-ce qu'un seul objectif réaliste et mesurable que vous vous êtes fixé pour cette année, quel serait-il ?

« SMARTiser » vos objectifs

Le concept de fixation d'objectifs *SMART* (« intelligents », en français) a été introduit dès les années 1950 par le théoricien américain du management Peter Drucker. Il s'inscrit dans la droite ligne de la Gestion Par Objectifs (GPO), aujourd'hui largement utilisée en entreprise et dont la finalité est d'accroître la performance de l'organisation en faisant correspondre les objectifs stratégiques de l'entreprise avec les objectifs de l'ensemble des collaborateurs (objectifs en cascade). Ce mode de management, développé dans les années 1990, mise sur une participation active de tous les acteurs de l'entreprise à la fixation de leurs propres objectifs, qui doivent être *SMART*.

Ainsi, à l'instar des collaborateurs travaillant au sein d'une grande entreprise, vos objectifs en tant qu'artiste doivent également être *SMART*, c'est-à-dire :

S	**S**pécifiques
M	**M**esurables
A	**A**tteignables
R	**R**aisonnables
T	**T**emporellement définis

Un exemple d'objectif SMART

« Sur toute l'année prochaine, je me fixe pour objectif de réaliser au minimum deux ventes à chacune des cinq expositions qui auront lieu en Charente et pour lesquelles un vernissage sera organisé. »

L'artiste qui s'est fixé cet objectif sera déçu et estimera qu'il est en échec s'il ne réalise qu'une seule vente. Toutefois, cette contre-performance estimée pourrait être vécue comme un vrai succès par d'autres ! Comme nous l'avons déjà évoqué en préambule de cet ouvrage, prenez en compte vos attentes financières ainsi que les réalités du marché afin de déterminer au mieux vos objectifs.

Savoir se fixer des objectifs est la première étape ; savoir définir des **critères de mesure** qui vous permettront d'évaluer si vous les avez atteints complètement, partiellement ou… pas du tout, est une seconde étape sur laquelle vous aurez également à travailler.

Reprenons l'objectif *SMART* précédent : si vous ne parvenez à vendre qu'une seule œuvre à l'une des manifestations identifiées, allez-vous considérer que votre objectif est partiellement atteint ? Pas du tout atteint ? Pourquoi ? Peut-être n'êtes-vous pas parvenu à générer le chiffre d'affaires escompté, mais les échanges que vous avez eus avec vos confrères, prospects ou clients ont peut-être été hautement fructueux et générateurs de ventes futures pour de prochaines expositions.

Travailler sur un prévisionnel d'activité

Une fois vos objectifs et critères de mesure fixés, je vous propose de travailler sur une matrice prévisionnelle de ventes, qui sera bien sûr fonction de votre plan d'action annuel (nombre d'expositions auxquelles vous prévoyez de participer dans l'année, nombre d'articles de presse où vous serez cité, commandes prévues, etc.).

Commencez dans un premier temps par une vision annuelle de votre activité (plan d'action opérationnel), quitte à envisager un plan prévisionnel sur trois à cinq ans (plan stratégique) quand vous aurez acquis davantage d'expérience et que vous aurez le recul suffisant pour pouvoir projeter votre activité sur le long terme.

Quels moyens devrez-vous mettre en œuvre pour atteindre vos objectifs de chiffre d'affaires (temps de création, temps de promotion et de gestion, investissements mobiliers voire immobiliers, etc.) ?

Et puisque « *ce que l'on conçoit bien s'énonce clairement* », écrivez ! Clarifiez par écrit vos objectifs, votre plan d'action annuel et votre budget prévisionnel. Calculez votre seuil de rentabilité pour chaque opération. Établissez un compte de résultat complet (lire page 156) comportant des postes de dépenses détaillés.

Année N+1	Janv.	Fév.	Mars	Avril	Mai	Juin	Juill.	Août	Sept.	Oct.	Nov.	Déc.	Total
Manifestations	1 S 1 R	2 G 1 S		1 M	3 M	1 M 1 S			3 M	1 M	1 H 1 S	3 MN 1 S	
PF	4	0	0	2	6	2	0	0	7	2	0	9	
MF	3	2	0	2	6	1	0	0	5	2	1	0	
GF	2	2	0	0	0	1	0	0	0	0	3	1	
CA manifestations	3900	2800	0	1300	3900	1700	0	0	3550	1300	3200	2250	23900
Commandes													
PF	0	0	2	0	0	0	0	0	1	0	0	4	
MF	0	1	0	0	0	2	0	1	1	0	1	0	
GF	0	0	1	0	0	0	1	0	0	0	0	0	
CA commandes	0	500	1200	0	0	1000	900	500	650	0	500	600	5850
CA TOTAL	3900	3300	1200	1300	3900	2200	900	500	4200	1300	3700	2850	29750
PF = petit format (prix moyen = 150 €)			S = salon			H = hôtel			CA = chiffre d'affaires en €				
MF = moyen format (prix moyen = 500 €)			G = galerie			R = restaurant							
GF = grand format (prix moyen = 900 €)			M = marché d'art			MN = marché de Noël							

■ **Exemple de tableau de bord qu'il vous sera aisé de réaliser grâce au logiciel Excel (lire page 163)**

Définir vos objectifs financiers

Le sujet est loin d'être tabou et l'idée reçue selon laquelle « *le véritable artiste [doit] forcément vivre chichement*[1] » est loin d'être fondée de nos jours. Si vous rencontrez une certaine réticence à envisager l'aspect financier de votre travail et une gêne à déterminer puis à annoncer le prix de vos œuvres, dites-vous bien que la rémunération de votre activité artistique conditionne la poursuite de vos investissements et *in fine* de votre activité.

Un autre élément de réflexion doit vous aider à envisager sereinement l'aspect financier de vos créations : si les œuvres d'art (sculptures, peintures, photographies, mosaïques, etc.) ont un prix, c'est bien qu'elles ont une valeur d'échange marchand[2] et qu'au fond, elles peuvent tout à fait être assimilées à des biens de consommation qui se vendent et s'achètent sur un marché (lieu de confrontation de l'offre et de la demande) où gravitent brocanteurs, antiquaires, galeristes, collectionneurs, particuliers, etc.

L'entrepreneur que vous êtes doit donc déterminer le plus précisément possible ses besoins financiers. Si vous êtes un artiste professionnel et que vous avez décidé de vivre pleinement de votre art, la question financière est fondamentale, puisque votre seule source de revenu est votre activité artistique. Quel est alors le revenu minimum dont vous avez besoin ?

Si vous êtes un artiste amateur et que vous exercez une activité professionnelle parallèle, complémentaire ou non de votre art, les besoins financiers issus de votre activité artistique ne seront sans doute pas les mêmes.

Votre contexte familial n'est pas à négliger non plus ; par exemple, êtes-vous seul à assurer les revenus du ménage ?

---

1. *Salut l'artiste, op. cit.,* p. 20.
2. Warin, F., *L'art,* Ellipses, 2011, p. 35.

De façon plus générale, posez-vous constamment la question de savoir à quelles conditions vous allez rentabiliser vos investissements.

À présent que vous êtes armé d'objectifs clairs, à la fois ambitieux et atteignables, il est temps d'identifier et de mettre en œuvre les bons supports de communication, de promotion et de suivi qui vous permettront de les atteindre.

Savoir-faire n° 2

IDENTIFIER LES ÉTAPES CLÉS DE LA DÉMARCHE MARKETING

Le marketing de l'art, à l'instar du marketing appliqué à n'importe quel autre produit ou service, nécessite de définir une stratégie, de la décliner en plans d'action qui vous permettront d'atteindre les objectifs que vous vous êtes fixés, puis de piloter votre activité.

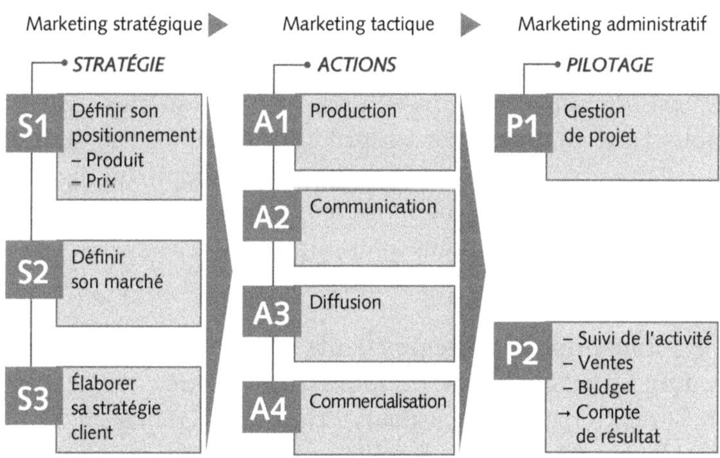

■ Les étapes de la démarche marketing

C'est cette articulation logique entre ces trois types de marketing[1] que j'ai voulu respecter dans ce guide. La première partie traite des notions de marketing stratégique et opérationnel (ou tactique). Quant à la notion de pilotage (marketing administratif), elle est abordée dans la deuxième partie.

Votre stratégie en trois étapes

S1 En marketing, comme nous allons le voir dans les pages qui suivent, tout est question de **positionnement**. Il s'agit de définir LA place spécifique donnée à un produit dans l'esprit du client. Le positionnement doit ainsi mettre en avant une différence perçue par rapport aux produits concurrents.

S2 **Définir son marché**, c'est tout simplement décider de définir et cibler, dans une zone géographique donnée (quartier, ville, région, pays) un type de personnes susceptible d'être intéressé par un produit ou un service donné. Il est possible de définir encore plus finement son marché en identifiant des segments de marchés, qui sont des sous-ensembles de personnes présentant des caractéristiques communes (financières, sociales, culturelles, etc.).

S3 **Élaborer sa stratégie clients**, c'est cibler et mettre en œuvre un ensemble de politiques différenciées de gestion de la relation clients (*Customer Relationship Management* ou CRM). Le CRM a pour finalité la fidélisation des clients à travers une offre de produits ou services adaptée. Il implique

---

1. La distinction entre marketing stratégique, marketing tactique et marketing administratif est clairement établie par Philip Kotler dans un de ses ouvrages de référence : *Le marketing selon Kotler* (Village Mondial, 1999).

donc le recueil et l'analyse de l'ensemble des informations relatives aux clients ou aux prospects[1].

Votre plan opérationnel en quatre grandes actions

Une fois sa stratégie définie, l'artiste entrepreneur doit traduire ses objectifs de long terme en actions concrètes de court ou moyen terme.

A1 Même si cela semble aller de soi, notons qu'un plan d'action n'a de sens que si vous répondez avant tout aux objectifs de **production**, c'est-à-dire de création artistique.

A2 **A3** **A4** Une fois vos œuvres créées, vous allez définir et mettre en œuvre les **outils de communication** puis identifier les **canaux de diffusion** vous permettant d'atteindre vos **objectifs de commercialisation**, en vous garantissant le meilleur retour sur investissement (*Return On Investment* ou ROI).

Vos principaux outils de pilotage

Il s'agit à ce stade de mettre en place des méthodes et outils de pilotage permettant de savoir si les actions entreprises concourent à l'atteinte des objectifs fixés.

---

1. Nous appellerons « prospect » toute personne qui montre ou a montré à un moment donné de l'intérêt pour votre travail artistique. Si le prospect n'a pas forcément ni l'intention ni les moyens de procéder immédiatement à un achat, il est néanmoins susceptible de devenir un jour client, c'est-à-dire acheteur.

P1 **P2** Vous vous livrerez donc à une **gestion** régulière de votre activité artistique et à un **suivi** poussé de votre activité commerciale (analyse et suivi de vos ventes et de vos investissements).

Savoir-faire n° 3

VOUS POSITIONNER

Stratégie `S1`

Le positionnement est la pierre angulaire de toute stratégie marketing. C'est **LA place consacrée à un produit ou à un service par un client**, définie par ce dernier en fonction d'éléments conscients ou inconscients. Le positionnement doit ainsi mettre en avant une **différence perçue** par rapport aux produits concurrents ou à venir. Ainsi, il tient compte non seulement des caractéristiques de votre produit, mais également de la position de vos concurrents et de la structure de votre marché.

Tout positionnement produit répond à **quatre questions** clés. Afin d'illustrer au mieux cette notion de base en marketing, je vous propose de prendre un exemple dans le domaine de la grande consommation : un shampooing traitant censé rendre vos cheveux brillants, dont l'usage se veut hebdomadaire. Son positionnement marketing pourrait être le suivant.

En pratique

Le positionnement marketing d'un shampooing

Je suis le shampooing X

Qui apporte à vos cheveux une brillance incomparable (différence en termes de caractéristiques produit)

Parce que je suis élaboré à partir de composants révolutionnaires (différence basée sur la technologie)

Donc, en m'utilisant une fois par semaine, en complément de votre shampooing actuel, je vous garantis une chevelure d'une brillance incomparable durable dans le temps (promesse produit).

Lorsque vous regardez les publicités télévisées, livrez-vous à cet exercice de décryptage du positionnement qui se cache derrière les produits ou services présentés. Pour certains, vous verrez que l'exercice est plus facile que pour d'autres !

Le positionnement renvoie donc à la notion de **préférence** du consommateur, qui achètera un produit préféré à un autre. Et qui dit préférence dit différence. Dans le domaine artistique, le raisonnement est identique : il va s'agir de mettre en avant vos différences, de façon à susciter l'intérêt du public. Le caractère unique d'un travail artistique est assez aisé à définir, car par définition, votre œuvre naît de votre inspiration et de vos émotions. Votre talent n'appartenant qu'à vous, chaque œuvre d'art est forcément unique.

Les sources de différenciation de votre travail sont variées. Ainsi, votre différence pourra être perçue à travers une technique originale, un style hors du commun, une stratégie de prix différenciante, un ciblage de clients atypique ou encore à travers un mode de diffusion personnalisé.

Positionner vos produits

Nul doute que si vous travailliez pour une entreprise qui produit et commercialise des yaourts, par exemple, vous n'auriez aucun mal à définir le produit concerné : quel goût ? quelle texture ? quels ingrédients ? quel packaging ? quel prix ? pour qui ? quelle promesse finale pour le consommateur ?

Et vous, en tant qu'artiste, quel produit offrez-vous ? Quelles sont les sources d'inspiration qui vous ont guidé pour vos réalisations ? Quelles techniques utilisez-vous ? Quelles thématiques affectionnez-vous ? En deux mots, essayez de définir le plus précisément possible votre produit, c'est-à-dire votre offre artistique, en mettant en avant les caractéristiques qui le rendent unique et définissent votre image de marque.

Même sans l'expliciter expressément, votre interlocuteur doit percevoir que votre travail est différent de celui d'un autre artiste. Pour ce faire, essayez de mettre en avant ne serait-ce qu'**une seule caractéristique différenciante**. Livrez-vous à l'exercice que nous recommandait le célèbre publicitaire Paul Arden : « *Trouvez les points forts de votre produit ou de votre prestation et grossissez-les, comme un caricaturiste exagère les traits d'un visage*[1]. »

Ce faisant, vous mettez en lumière le fameux « **avantage concurrentiel** » défini par le professeur de stratégie d'entreprise américain Michael Porter comme élément clé de toute stratégie[2].

Ainsi, au-delà des aspects techniques et descriptifs de votre travail, c'est votre vision, votre inspiration et votre motivation que vous devez définir, puis partager avec votre public.

---

1. *Vous pouvez être ce que vous voulez être, op. cit.*, p. 34.
2. *Le marketing selon Kotler, op. cit.*, p. 22.

Essayez de formuler clairement et de façon synthétique ces éléments de présentation. Que vous soyez artiste confirmé ou débutant, voici une liste de **questions clés** auxquelles vous devez impérativement savoir répondre.

> **En pratique**
>
> ### Pour établir son positionnement : répondre à sept questions clés
>
> Quels courants artistiques vous ont influencé ?
>
> Comment vous inscrivez-vous dans les grandes tendances artistiques actuelles ?
>
> Quelles sont vos sources d'inspiration ?
>
> Quel est votre parcours artistique ?
>
> Quelles sont vos thématiques ? Pourquoi ?
>
> Comment a évolué votre travail au cours de votre carrière artistique ?
>
> Quels matériaux utilisez-vous ? En quoi votre technique est-elle originale ?

Vous constatez ici à quel point c'est votre produit artistique dans sa globalité qui reflète votre marque, donc votre positionnement. De ce fait, considérer votre signature d'artiste comme le seul élément constitutif de votre marque est extrêmement réducteur. Vous pensiez peut-être qu'en tant qu'artiste, la nécessité de véhiculer votre marque auprès du public se faisait moins sentir que si vous commercialisiez des crèmes cosmétiques, des voitures ou des produits d'assurance. C'est faux ! En effet, ce qui est vrai pour le prêt-à-porter ou pour l'audiovisuel, par exemple, l'est également pour les œuvres d'art : « *Si l'on n'est pas une marque, on est banalisé[1].* »

---

1. *Ibid.*, p. 77.

Le positionnement, un argument de vente

Fort de tous ces éléments, dressez ce que l'on appelle en termes marketing votre *positioning paper*. C'est un document écrit très synthétique (une page ou deux maximum) qui, au-delà de présenter votre histoire, votre parcours, les événements clés auxquels vous avez participé, reflète votre positionnement artistique.

La rédaction de ce *positioning paper* aura entre autres le mérite de :

* vous faire réfléchir sur des questions de fond ;
* constituer un texte de base qui pourra être inséré en partie dans votre CV artistique ;
* pouvoir répondre de façon rapide et concise aux questions que l'on vous posera sur vous et votre art.

En termes de marketing, le *positioning paper* s'assimile à un argumentaire produit. Conçu par les chefs de produit, il est ensuite délivré aux commerciaux qui l'utilisent comme outil de présentation de leurs produits face à leurs clients.

Il permet en outre de :

* servir de support à tout journaliste désireux d'écrire un court article sur vous dans une revue spécialisée ;
* vous servir de base de communication dans les phases de négociation et de vente de vos œuvres.

Ainsi, vous emploierez toujours les mêmes mots pour parler de vous et de votre travail. Ceci ne signifie pas pour autant que votre positionnement doit rester figé, bien au contraire : vous le ferez évoluer tout au long de votre carrière.

Le positionnement, une réponse à vos objectifs

Votre positionnement se doit d'être en parfaite adéquation avec vos attentes artistiques.

La question à vous poser est la suivante : quel artiste avez-vous envie d'être ?

Vous aurez vite compris que cette réflexion, que je vous ai engagé à mener dès les premières pages de cet ouvrage, est absolument fondamentale. Quelle place avez-vous l'intention d'occuper dans le paysage artistique local, régional, national ou international ? Avez-vous l'ambition de faire partie des quelques artistes connus et reconnus au niveau national et international ? Ou bien voulez-vous simplement vous faire plaisir en vendant quelques œuvres de temps en temps ? Avez-vous décidé de vivre uniquement de votre art ? Etc.

Les réponses à ces questions sont décisives, car de cette réflexion découlera l'élaboration de votre stratégie et des moyens de promotion que vous adopterez.

Le produit artistique doit-il répondre à un besoin ?

Le domaine de l'art est bien particulier. En effet, il n'existe pas de besoin d'œuvre d'art comme existe le besoin de posséder une voiture, de partir une semaine en vacances au soleil ou de faire appel à un banquier pour l'octroi d'un prêt immobilier. Comme le précise Rafael de Garay dans son ouvrage *Art et marketing*, dans la mesure où « *il n'y a pas de réelle demande d'art* [1] » de la part des consommateurs, toute réflexion stratégique doit donc partir de l'offre, c'est-à-dire de votre travail artistique[2].

Votre rôle d'entrepreneur va donc consister à « **pousser** » **votre offre**, c'est-à-dire votre produit. En d'autres termes, cela signifie qu'en tant qu'artiste, vous allez chercher à créer une demande de produits artistiques qui ne se sont générale-ment pas basés sur les besoins des consommateurs poten-

---

1. Ars Vivens, 2008, p. 34.
2. *Ibid.*, p. 11, 31 et 32.

tiels avant d'être élaborés. Pour ce faire, vous utiliserez des techniques et outils visant à en assurer la promotion. Il est vrai que cette démarche est assez peu banale, puisque nous avons affaire en règle générale à un marketing de la demande s'appuyant sur des besoins ou attentes clairement recensés de la part des consommateurs.

Ce marketing de l'offre, que Philip Kotler nomme « marketing du besoin », est extrêmement complexe, puisqu'il s'agit de créer « *un produit ou un service que personne n'a demandé ni même imaginé.*[1] »

Est-ce à dire pour autant qu'il est inutile de s'attacher à identifier une quelconque demande ou tout du moins une tendance de goûts dominante sur ce marché de l'art ? Cette question est très délicate à aborder ; elle dépend fortement de votre profil d'artiste et des objectifs de fond que vous vous serez fixés. Ainsi, selon la typologie étudiée en page 21, l'artiste « en squat » n'aura sans doute pas la même approche que l'artiste « chef d'entreprise ».

Cependant, quel que soit votre profil, je reste convaincue que **la source d'inspiration d'un artiste est double**. En effet, il va sans dire que l'artiste puise avant tout sa créativité dans son intérieur profond. Comme le précisait Kandinsky au début du XXᵉ siècle, la seule loi immuable de l'art est dictée par la « *nécessité intérieure* » de l'artiste[2]. Toutefois l'artiste ne vivant pas cloîtré dans son atelier, il ne fait aucun doute que sa créativité dépend aussi de sa confrontation (consciente ou non) avec d'autres artistes et de sa relation avec le monde qui l'entoure.

Dans le domaine de l'art comme dans bien d'autres (mode, décoration d'intérieur, etc.), certains styles ont le vent en poupe. Sur le marché de l'art contemporain fleurit par exemple depuis le début des années 2000 une kyrielle

---

1. *Le marketing selon Kotler, op. cit.*, p. 37.
2. *L'art contemporain, op. cit.*, p. 115.

d'œuvres d'inspiration urbaine présentées dans la plupart des galeries en vogue. À vous de décider si vous souhaitez vous imprégner de ces tendances dominantes sur le marché (notez que l'influence peut tout à fait être inconsciente).

Pour repérer ces courants, rien de plus facile que de vous promener dans un salon d'art contemporain ou de vous rendre dans les grandes enseignes de décoration et d'ameublement qui offrent aujourd'hui des copies d'œuvres davantage assimilables à des objets de décoration qu'à des œuvres d'art originales !

Je me suis rendu compte au cours des expositions que j'ai visitées qu'il existe un réel marché constitué d'un public désireux d'acquérir des œuvres décoratives aux couleurs et aux thématiques « tendance », en vue d'agrémenter leur intérieur. *« On n'imagine pas combien de gens accrochent un tableau de la chaise électrique dans leur salon – surtout si les couleurs du tableau vont bien avec celles des rideaux »*, disait Andy Warhol[1]…

Nombreux sont les acheteurs d'art qui se laissent influencer, consciemment ou non, par les phénomènes de mode. Ne prenez donc pas ombrage du fait qu'un client s'attache avant tout à l'aspect attrayant de vos œuvres, car au fond de vous-même, vous saurez que votre œuvre est unique, qu'elle est le reflet de vos inspirations, de vos émotions et de votre talent ! Si, en plus, elle est agréable pour un œil extérieur, tant mieux…

---

1. Citation d'Andy Warhol à propos de son tableau *La chaise électrique*.

Positionner vos prix

Dans la mesure où **CA** (chiffre d'affaires) = **P** (prix) ×
Q (quantités vendues), **deux principales orientations** stratégiques peuvent être prises[1,2]

Prix hauts

Vous pouvez décider de pratiquer des **prix plus élevés**
que ceux proposés par d'autres artistes dont vous estimez
que leur travail est proche du vôtre. En optant pour cette
stratégie dite «d'écrémage», vous ciblez une frange de
«consommateurs» potentiels bien identifiée à fort pouvoir
d'achat (collectionneurs, marchands d'art) : la «crème de la
crème».

Opter pour cette stratégie prix suppose que votre notoriété
soit déjà bien assise et que vous ayez le recul nécessaire
pour avoir pu constater qu'un nombre suffisant de clients
était prêt à acheter à ces prix élevés. À l'instar du positionnement d'autres produits (tourisme de luxe, mobilier *design*,
automobile haut de gamme, etc.), celui des œuvres d'art se
prête parfaitement à ce type de stratégie. Vous aurez sans
doute remarqué que l'achat d'art permet parfois de satisfaire
un besoin d'appartenance ou de distinction (la sensibilité
au prix est alors très faible).

Dès lors, acheter à un prix élevé peut révéler une certaine
position sociale[3]. En tout état de cause, si vous optez pour
cette stratégie, faites des tests sur vos prix et soyez prêt à
vous remettre en question si cela ne fonctionne pas comme
vous le souhaitez !

---

1. D'après Armstrong, G., Kotler, P., *Principes de marketing*, Pearson
Education France, 2010, p. 273-274.
2. D'après Audigier, G., *Marketing pour l'entreprise*, Galino Éditeur,
2003, p. 179.
3. *Le marché de l'art contemporain, op. cit.*, p. 39.

Prix bas

Vous pouvez au contraire choisir de pratiquer des **prix plus bas** que le marché : vous optez alors pour une stratégie appelée en termes de marketing « stratégie de pénétration de marché », basée sur le volume. C'est que vos œuvres ont sans doute été peu coûteuses en temps et en argent. Elles seront adaptées à d'autres lieux de diffusion et à d'autres catégories de clients.

Aussi surprenant que cela puisse paraître, un sculpteur rencontré récemment dans une association me disait préférer vendre dix petites œuvres à 250 euros plutôt que cinq à 800 euros. Faites le calcul ! C'est une question de choix personnel. Une telle stratégie de pénétration peut tout à fait être adaptée en début de carrière, lorsque votre objectif premier est d'attirer vos premiers clients prospects, qui deviendront peut-être des clients fidèles, voire des ambassadeurs de votre travail !

Veillez néanmoins à ne pas pratiquer des prix vraiment trop en décalage par rapport à vos concurrents, au risque de vous décrédibiliser, de dévaloriser votre travail, et donc votre image. Par ailleurs, dites-vous bien que vous n'êtes jamais à l'abri de l'entrée sur le marché de confrères qui décideraient de pratiquer des prix encore plus bas que les vôtres. Ceci pourrait s'avérer fort ennuyeux si vous avez fait de vos prix bas votre avantage concurrentiel…

Savoir-faire n° 4

DÉFINIR VOTRE MARCHÉ

Stratégie `S2`

En économie, un marché est défini comme le lieu de rencontre de l'offre et de la demande : offre de produits ou services émanant des entreprises et demande de produits ou services émanant des consommateurs.

Le marché de l'art, un marché particulier

Le marché de l'art présente quelques caractères distinctifs que vous devez connaître.

Une demande difficile à cerner

Nous venons de l'expliquer, la première particularité du marché de l'art est qu'il n'existe **pas de demande** clairement définie et bien identifiable. Toute stratégie marketing doit donc être guidée par l'offre de l'artiste[1], avec l'infinité d'éléments qui la composent.

Une offre infinie

Sur le marché de l'art, la diversité de l'offre artistique est donc infinie. Contrairement à des produits comme les

---

1. *Art et marketing, op. cit.,* p. 11, 31 et 32.

shampooings, qui peuvent être différenciés selon un nombre relativement faible de caractéristiques objectives (texture, odeur, composition, prix, mode d'utilisation, packaging), les produits artistiques se différencient sur une multitude de critères objectifs (technique, mouvement artistique, thématique, format) ou subjectifs (sources d'inspiration, émotions, vécu et style de l'artiste), multipliant ainsi la diversité des biens créés. Il est donc logique que sur ce marché de l'art, l'**offre** soit en excès par rapport à la demande. Par ailleurs, on constate que la demande évolue à un rythme bien moins rapide que celui de l'offre artistique[1].

Une demande illimitée

Si du côté des artistes, la nature de l'offre est illimitée[2], du côté des consommateurs, la demande l'est également : ne dit-on pas que tous les goûts sont dans la nature ? Si tout ne peut pas plaire à tout le monde (un enseignement du marketing veut d'ailleurs qu'il soit préférable que seules certaines personnes trouvent votre produit génial plutôt que toutes le considèrent comme satisfaisant), *a contrario*, **toute œuvre d'art de qualité peut à un moment donné rencontrer l'œil intéressé d'un curieux ou d'un prospect qui l'appréciera et l'achètera.**

Une qualité subjective

La qualité de l'offre ne peut d'emblée être établie par les consommateurs[3]. En effet, la valeur d'une œuvre d'art résulte d'un savant mélange entre ses caractéristiques objectives, subjectives et les goûts des consommateurs. Il en est de même pour sa valorisation, résultant avant tout d'un jeu d'interactions entre les différents acteurs

---

1. *Le marché de l'art contemporain, op. cit.*, p. 26.
2. *Art et marketing, op. cit.*, p. 32.
3. *Le marché de l'art contemporain, op. cit.*, p. 35.

du marché de l'art (galeristes, critiques, collectionneurs, commissaires d'exposition, etc.) et des niveaux de l'offre et de la demande.

Une concentration des gains

Dernière caractéristique : la **distribution des gains** sur ce marché, nommée « *star system* », est très **concentrée**. Cela signifie que sur le marché de l'art, un très faible nombre d'individus reçoit une part très importante du total des rémunérations : les stars sont donc rares.

À quel(s) marché(s) vous adresser ?

La définition du positionnement de votre travail a nécessité une réflexion de fond. La question est à présent de savoir **à qui vous voulez l'adresser**. Quel public, quel(s) marché(s) allez-vous cibler ?

Les artistes ne prennent pas suffisamment soin de définir précisément leur ou leurs marchés cibles, partant du principe que dans la majorité des cas, leur travail s'adresse à tout public. Coca-Cola peut sans doute défendre ce point de vue, quoique… les bébés n'en boivent pas.

Vous allez pouvoir constater dans les pages qui vont suivre qu'il est tout à fait envisageable de découper le marché en groupes de clients (segments) qui présentent des caractéristiques sociales, professionnelles, financières et/ou des besoins communs et à qui vous destinez votre travail.

Illustrons cette notion de segmentation par rapport à un besoin : par exemple, certains vont acheter un canapé, parce qu'ils souhaitent investir dans du mobilier de décoration, d'autres parce qu'ils ont besoin d'un lit d'appoint pour recevoir leurs amis, d'autres encore parce qu'ils souhaitent que tous les membres de la famille soient assis ensemble pour regarder le film du dimanche soir. De même, l'achat d'une œuvre d'art est par exemple susceptible d'être motivé par un besoin d'appartenance sociale ou bien de décoration d'intérieur !

Soyez conscient que l'orientation que vous prendrez en termes de marchés ou de segments de marché aura un **impact sur votre stratégie** de prix et de diffusion (lire pages 49 et 55).

Marché défini en fonction d'une zone géographique

Avez-vous pour objectif d'être connu et reconnu à un niveau régional ou bien avez-vous l'intention de viser d'emblée plus large ? Si tel est le cas, disposez-vous des moyens incontournables à ce succès que vous voulez géographiquement rayonnant ? Privilégiez-vous bien les bons canaux de distribution, comme la présence dans des galeries internationales de renom ou à des salons et foires internationalement réputés ?

Marché défini en fonction des thématiques développées

En fonction des thématiques que vous choisirez de développer, vos œuvres n'intéresseront pas les mêmes clients (grand public, galeristes, amateurs, collectionneurs, etc.). De même, elles ne suivront pas toutes les mêmes circuits de distribution. Certaines œuvres seront par exemple davantage adaptées aux marchés qu'aux galeries.

Cela ne signifie pas pour autant qu'il y ait de « bonnes » et de « mauvaises » œuvres : le tout est de définir avec soin les modes de diffusion adéquats. Ainsi, si vous peignez des natures mortes classiques, inutile de présenter votre travail dans une galerie « tendance » de la capitale ; vous n'auriez sans doute aucune chance d'être retenu. De même, si vous habitez dans le Finistère et que vous ne peignez que des paysages enneigés, vous aurez peut-être plutôt intérêt à vous rapprocher des galeries savoyardes et des journalistes de la région lyonnaise…

Marché défini en fonction des prix pratiqués et des formats proposés

Du type de clientèle que vous ciblerez dépendront votre politique de prix, ainsi que le choix des canaux de diffusion de votre art.

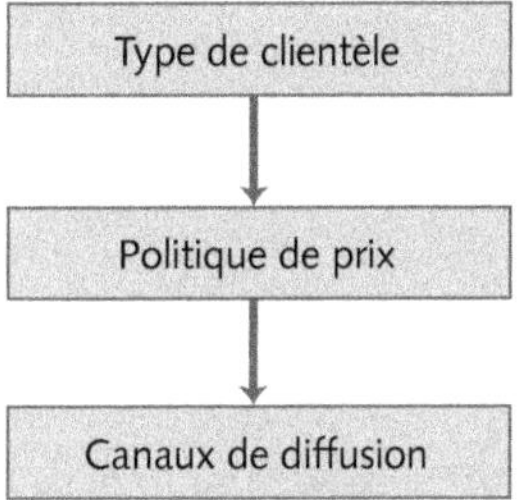

■ **Les relations d'influence « clients – prix – diffusion »**

Par exemple, vos œuvres de plus grand format (dont on peut s'attendre que le prix soit élevé) trouveront très difficilement leur place sur un stand positionné dans un lieu d'exposition où affluent un grand nombre de touristes qui achètent très souvent en guise de souvenir des œuvres de petits formats compatibles avec la taille de leurs bagages.

Les artistes le savent, mais déplorent toujours (surtout lorsque les ventes ne sont pas au rendez-vous) d'avoir présenté des œuvres dont le format était finalement inadapté au lieu d'exposition choisi.

Nous allons revenir dans les pages suivantes sur la meilleure façon d'établir vos prix de vente. À ce stade, rappelons simplement, comme nous l'avons détaillé en page 49, deux partis pris importants. Soit vous décidez de pratiquer des **prix nettement inférieurs au marché** (stratégie de pénétration) et dans ce cas, vous misez sur un volume de ventes important vous permettant d'atteindre vos objectifs de chiffre d'affaires. Soit vous optez pour une **stratégie agressive** (stratégie d'écrémage) visant à fixer des **prix plus élevés que le marché**, auquel cas vous vendrez certainement moins. Vous ciblez alors un autre type de clientèle et d'autres lieux de présentation de votre art.

ÉLABORER ET METTRE EN ŒUVRE VOTRE POLITIQUE DE RELATIONS CLIENTS

Stratégie `S3`

Dénommée également CRM, toute politique de relation clients bien menée doit passer par l'élaboration d'un fichier clients, élaboré de préférence informatiquement sous forme d'une base de données. C'est un précieux outil de travail dont l'objectif premier est de définir et faire vivre une politique clients efficace nécessaire au soutien de votre promotion artistique. Inutile pour cela de construire des bases de données gigantesques qui ne vous seront au final pas d'une grande utilité.

Les éléments de votre base de données clients

Deux types de fichiers

Le fichier global se présente sous la forme d'une liste de contacts que vous enrichirez tout au long de votre carrière. Il se construit en général autour de deux axes.

Un fichier par catégories de prospects et clients potentiels

Il s'agit d'amis, de relations professionnelles antérieures, des professionnels de votre quartier, des voisins, de galeristes, de collectionneurs, de critiques d'art, d'entreprises de votre région, d'associations de quartiers, de centres culturels, de magasins de décoration d'intérieur ou d'aménagement, de restaurants exposant régulièrement des œuvres d'artistes, sans oublier vos confrères, qui sont souvent de puissantes sources d'information.

Un fichier par qualifications de clients

Il liste d'une part les acheteurs réguliers et fidèles et d'autre part les prospects « froids », « tièdes » ou « chauds[1] » classés selon leur potentiel d'achat (fichier de prospection). Votre objectif est de transformer l'essai, à savoir de **faire en sorte que vos prospects deviennent clients, et si possible clients fidèles.** Quant aux ambassadeurs (ou prescripteurs), ce sont ceux (clients ou non) qui soutiennent votre démarche entrepreneuriale et votre travail artistique et en font une promotion spontanée et favorable.

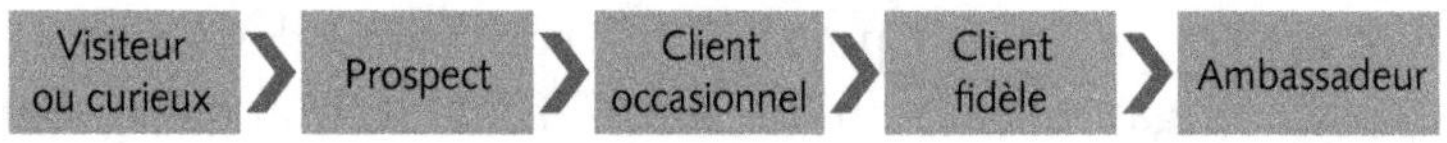

Un grand principe de marketing enseigne que fidéliser un client existant vous coûtera toujours moins cher en temps, en investissement financier et en énergie que de tenter de capter de nouveaux clients. Identifiez donc les moyens de fidélisation dont vous pouvez disposer (cadeaux, invitations à des journées portes ouvertes, envoi régulier de newsletters, etc.) et utilisez-les sans modération, en veillant toutefois à proposer une offre différenciante en fonction de la qualification clients. Nous reviendrons plus largement dans le dernier chapitre de cette partie sur la notion de service client et de fidélisation.

---

1. *Le marketing selon Kotler, op. cit.*, p. 137.

Qualification des contacts

Efforcez-vous dans la mesure du possible de **qualifier chaque contact** avec des informations relatives à ses centres d'intérêt, ses comportements observés, ses goûts, ses freins, etc. Ceci nécessite d'être très à l'écoute de toute personne intéressée par votre travail et de lui poser si possible quelques questions bien ciblées. Vous vous apercevrez vite qu'il est facile de glaner des informations fort utiles pour l'élaboration et le suivi de votre CRM.

En pratique

Poser des questions pour qualifier ses contacts

Par exemple : « *Cette œuvre évoque pour vous un paysage enneigé ? Et que cela vous inspire-t-il ? [...] Ah, si je comprends bien, vous aimez la montagne, etc.* » C'est une personne que vous pourrez inviter à participer à l'exposition que vous projetez d'organiser prochainement dans un grand hôtel savoyard. Dès lors que vous entrerez en contact une nouvelle fois avec cette personne, vous aurez donc un objectif clair la concernant.

De façon générale, il vous faut très bien connaître vos clients (et ce d'autant mieux qu'ils seront clients fidèles ou ambassadeurs) et leur consacrer beaucoup d'attention.

Choix de rubriques clés

Il va de soi que vous pouvez croiser ces deux types de classement (fichier par catégories et par qualifications). *In fine*, votre fichier devra comporter quelques **rubriques clés** où vous pourrez effectuer des tris :

- nom, prénom ;
- adresse ;

- numéro de téléphone ;
- adresse e-mail ;
- adresse de site Internet.

Vous pouvez ensuite l'enrichir avec les données suivantes :

- centres d'intérêt et/ou goûts ;
- raisons de l'achat (objectif décoratif, émotionnel, spéculatif, etc.) ou du non-achat (freins explicites ou supposés) ;
- informations subjectives recueillies sur le comportement perçu, la tenue vestimentaire, le degré de sympathie, l'accroche, etc. ;
- mode de visite : ces prospects sont-ils venus avec leurs enfants ? Vous ont-ils dit avoir une activité professionnelle ? Si oui, savez-vous dans quel domaine ?
- répondent-ils toujours, parfois ou jamais à vos invitations (dans ce cas, allez-vous les conserver dans votre fichier) ?

L'outil indispensable au recueil de ces informations est le « livre d'or », véritable compagnon d'exposition. Dans un second temps, vous devez enregistrer les données qui y sont contenues dans votre fichier informatique (base de données Excel ou Access par exemple).

Il va sans dire que tout fichier qui n'est ni **enrichi** ni **mis à jour régulièrement** ne présente aucun intérêt.

Comment constituer votre liste de contacts ?

Rencontrer cinq nouveaux interlocuteurs

Dans un premier temps, fixez-vous un objectif simple : à chacune des manifestations artistiques auxquelles vous assistez ou participez, efforcez-vous d'engager la conversation avec cinq nouveaux interlocuteurs (prospects, confrères, organisateurs, journalistes, etc.). Sortir de l'ombre et réussir, cela passe nécessairement par la rencontre de personnes nouvelles. Et sans forcément parler de « portefeuille clients », un tissu relationnel dense vous sera toujours d'une grande utilité. « *L'important, ce n'est pas ce qu'on sait, mais qui on connaît*[1] », estimait Paul Arden.

Dresser le *mapping* de vos relations

Livrez-vous ensuite à l'exercice suivant, dont l'objectif est de dresser la cartographie (ou *mapping* en anglais) de vos relations. Bien connu des responsables d'entreprise, le *mind mapping* consiste en une hiérarchisation « *des liens entre des données suivant une architecture arborescente, dont l'objectif est de structurer et/ou faire émerger l'information*[2] ».

Ainsi, recensez toutes vos relations « artistiques », classez-les par catégories et/ou par qualifications (selon la dichotomie que nous venons d'étudier pour la construction de votre base de données), puis identifiez les relations de ces relations. Enfin, classez l'ensemble de ces personnes identifiées en fonction de leur poids dans la sphère artistique et surtout des objectifs qu'elles vous permettraient d'atteindre.

Vous constatez alors qu'autour de votre cercle de connaissances initial se dessinent des cercles concentriques au sein desquels peuvent naître des relations intéressantes pour votre *business*.

---

1. *Vous pouvez être ce que vous voulez être*, op. cit., p. 66-67.
2.   Deladrière, J.-L., Le Bihan, F., Mongin, P., Rebaud, D., *Organisez vos idées avec le* Mind Mapping, Dunod, 2004,2007, p. 2.

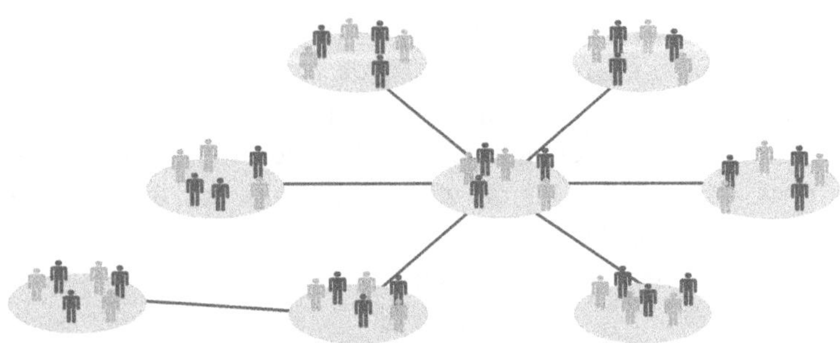

■ Un exemple de mapping

La réalisation de cet exercice requiert à la fois créativité et structure ; c'est donc un excellent moyen de faire travailler les deux hémisphères de votre cerveau !

Faire vivre votre fichier de contacts

Rappelez-vous aux bons souvenirs de vos clients ou des personnes qui ont manifesté à un moment donné de l'intérêt pour votre travail. Conviez-les systématiquement à vos prochaines manifestations. Pourquoi ne pas leur écrire ou les relancer par téléphone ? Profitez-en pour leur demander de vous suggérer d'autres personnes à contacter. Vous pourriez aussi leur envoyer, en fonction de votre actualité, une lettre d'information (*newsletter*). Ceux à qui vous destinez ces *newsletters* sont certainement ceux qui s'intéressent le plus à votre travail. Veillez toutefois à ne pas « surcommuniquer », car la saturation peut rapidement se faire sentir.

Miser sur les relais d'influence

Dans le milieu artistique comme dans beaucoup d'autres domaines, les recommandations sont importantes et pourront vous ouvrir les portes d'une galerie, d'un salon réputé ou encore vous introduire plus rapidement auprès d'un journaliste.

Rester à l'écoute

Seriez-vous capable de simplement citer les personnes qui, au cours des deux derniers mois, ont montré de l'intérêt pour votre travail ? À quoi l'avez-vous remarqué ? Comment vous ont-elles démontré leur intérêt ? Quelles actions avez-vous entreprises auprès de ces personnes ? Nous reviendrons plus largement sur la notion d'écoute dans la dernière partie de cet ouvrage.

Savoir-faire n° 6

ÉLABORER ET METTRE EN ŒUVRE VOTRE PLAN D'ACTION ANNUEL

Actions

Avant de nous plonger dans les différentes composantes du plan d'action opérationnel, j'aimerais partager avec vous une autre règle d'or à respecter absolument :

Règle d'or n° 2

PROCÉDER ÉTAPE PAR ÉTAPE

Le parcours est souvent long avant d'acquérir la visibilité et la notoriété dont vous rêvez (si vous disposez déjà dans vos connaissances de personnes influentes dans le milieu de l'art, votre parcours pourra être accéléré). C'est la raison pour laquelle je ne saurais que trop vous recommander de procéder toujours étape par étape. Cela signifie :

- Développer dans un premier temps une vision stratégique globale de vos objectifs et de votre activité (sur une période de moyen/long terme de trois à cinq ans), puis mettre en œuvre des actions de court ou moyen terme qui serviront vos objectifs de plus longue échéance. Tout artiste, quel que soit son profil et indépendamment du type de carrière qu'il ambitionne d'avoir, aura intérêt à s'inscrire dans une démarche progressive construite sur le long terme.

- Penser ensuite en fonction de la proximité géographique par rapport à votre région d'origine. À ce propos, Michel F., peintre contemporain, m'a fait remarquer un jour que c'était d'abord dans leur région ou pays d'origine que les artistes vendent le mieux, tout simplement parce que c'est là qu'ils ont constitué leurs premiers réseaux de proximité. Veillez donc à respecter dans la mesure du possible ce principe d'implantation progressive. Comme le précisent Nathalie Moureau et Dominique Sagot-Duvauroux, on constate qu'en France, la reconnaissance d'un artiste se construit avant tout dans des expositions locales et « *ce n'est qu'après ce premier travail de sélection que les artistes peuvent avoir accès à une galerie, notamment parisienne* ».[1]

- Enfin, appliquez ce concept pilier sur lequel reposent les études de marché marketing: le test.

Testez *vos idées et outils de communication et de promotion* sur de petits échantillons représentatifs de votre public avant de vous lancer dans des opérations d'envergure. Rien ne sert de dépenser dans un premier temps trop d'énergie et d'argent sans savoir vraiment si l'initiative développée va être couronnée de succès. En marketing, les études de marché permettent ainsi, avant tout lancement de produit, de service ou de support de communication, de recueillir, d'analyser et de comprendre les comportements (d'achat, de consommation) d'une population définie. Pour ce faire, elles ont recours aussi bien à des techniques quantitatives (panels, sondages, baromètres) que qualitatives (entretiens individuels ou de groupes par exemple).

« *Le marketing est un jeu où l'on apprend. Vous prenez une décision. Vous analysez les résultats. Vous rejouez mieux.* »[2] Autant que possible, *le* **test devrait vous permettre de jouer d'emblée** *la bonne carte.*

Attachons-nous à présent à identifier les différentes composantes du plan d'action qui vous permettront de gagner en visibilité et en notoriété, ce qui se traduira *in fine* par une valorisation plus importante de votre image et de votre travail.

---

1. *Le Marché de l'Art contemporain, op. cit.*, p. 26.
2. *Le Marketing selon Kotler, op. cit.*, p. 193.

La production

Action A1

L'entrepreneur que vous êtes ose parler de production, de stocks, de rotation, de délais de livraison et de logistique. Faisons une nouvelle fois référence à Andy Warhol et à sa célèbre *Factory* : une production de masse poussée à l'extrême, faisant de cet artiste une véritable « machine[1] ».

Sans tomber dans la caricature, il demeure vrai qu'en tant qu'artiste, il faut produire avec assiduité, surtout si vous optez pour une stratégie de pénétration de marché basée sur le volume de ventes (lire page 50). Disposer d'un stock conséquent est primordial. Cela semble être évident, et pourtant… Combien de fois ai-je entendu des artistes regrettant de ne pouvoir participer à un salon ou à un marché sous prétexte qu'ils ne disposaient pas d'un volume de production suffisant ?

En outre, votre stock doit vous permettre de pouvoir saisir à tout moment l'opportunité d'exposer votre travail et de le « laisser » en dépôt dans plusieurs lieux d'exposition simultanément (galeries, restaurants, espaces culturels, etc.). Pour cela, bien sûr, il faut travailler ! Si vous projetez de participer à une exposition en mars, n'attendez pas le mois de février pour commencer à produire ! Il est tout à fait normal de connaître des périodes plus calmes que d'autres en termes de créativité ; l'essentiel est que votre élan créatif tienne sur le long terme de façon à pouvoir répondre à vos objectifs de production.

Une fois votre positionnement défini, votre marché identifié, vos clients ciblés et vos œuvres créées, vous allez engager une politique de communication et de distribution appropriée. Retournons un instant dans l'environnement assez parlant de la grande consommation : quels moyens

---

1. *L'art, op. cit.*, p. 37.

mettre en œuvre pour faire connaître le shampooing X auprès du segment de marché ciblé ? Dans quels médias en faire de la publicité : presse généraliste, presse spécialisée, radio, encarts publicitaires, etc. ? Où le distribuer : dans les salons de coiffure ? Dans les grandes surfaces ? En fonction du mode de distribution choisi ? Quel prix fixer ?

Je vous engage bien sûr à transposer ce questionnement à votre activité artistique, de façon à identifier les bons supports de communication et les circuits de diffusion les plus appropriés pour développer au mieux votre *business*.

Les outils de communication

Action A2

Une visibilité accrue

Dès lors que vous décidez de diffuser votre offre artistique dans le domaine public, vous ne pouvez vous dispenser de disposer des outils de communication de base : une carte de visite, un CV, un *book* complet, un *book* plus concis (version résumée de votre *book*, présentant une sélection de vos œuvres et diffusable plus largement).

C'est grâce à la mise en place de supports de communication efficaces que vous prouverez que vous existez en tant qu'artiste et que vous serez susceptible d'être reconnu comme tel. Dans ce domaine, votre visibilité dépend de votre degré de **proactivité**.

L'identité visuelle

Soyez créatif dans la conception et dans l'élaboration de ces supports promotionnels ; cela contribuera à marquer votre différence, construite pour partie autour de votre **identité visuelle** déclinée sur tous vos supports de communication.

Faites l'exercice de créer votre propre «patte» visuelle, à l'aide de couleurs (Pantone®), typographies ou graphismes qui n'appartiennent qu'à vous. À l'instar de ce que parviennent à faire à merveille les plus grandes marques, votre charte graphique doit être «impactante» et mémorisable. Même si votre signature est masquée, votre travail doit rester parfaitement identifiable.

Le poids de l'image

Votre identité visuelle se doit d'être en parfaite adéquation avec votre positionnement artistique et avec l'image que vous voulez véhiculer. Le fond et la forme de vos communications ne sont jamais anodins et véhiculent des messages perçus de façon consciente et inconsciente par vos interlocuteurs.

De fait, derrière l'ensemble des actions de communication que vous engagez, c'est **votre image** qui transparaît. Finalement, la question est de savoir quelle image vous souhaitez donner de vous et de votre travail.

Appuyez-vous pour y répondre sur les objectifs *business* et personnels que vous vous êtes fixés.

L'importance du logo

Au gré de vos visites dans les galeries, marchés ou salons, je vous conseille de collecter les cartons d'invitation aux vernissages, de compulser les *books* et de prendre les cartes de visite des artistes que vous avez appréciés. Allez à la pêche à toutes les bonnes idées, tant sur le fond que la forme. Inspirez-vous-en, en respectant ce principe de base en communication qui veut que **tous vos supports de promotion sans exception soient logotypés** avec votre charte graphique, votre nom de domaine et vos coordonnées (e-mail et téléphone).

Le nom de domaine

Un nom de domaine se présente sous la forme d'une adresse Internet de type www.xxxxx.com. Disposer d'un tel outil s'avère indispensable pour bénéficier d'une visiblité optimale sur les moteurs de recherche. Pour vous en procurer un, rien de plus facile : dirigez-vous vers des sites Internet pourvoyeurs de noms de domaine (comme www.gandi.net) et moyennant un abonnement annuel de 15 euros, vous serez immédiatement répertorié sur les premières pages des moteurs de recherche.

La carte de visite

Vous devez en avoir toujours plusieurs exemplaires sur vous, où que vous soyez. Pensez-y ! C'est l'outil qui permettra de vous faire connaître et d'accroître la visibilité de votre site Internet. Votre carte de visite doit être épurée mais contenir toutes les informations utiles vous concernant : votre nom (à vous de voir si vous souhaitez conserver votre nom patronymique ou prendre un pseudonyme), votre spécialité (graveur, photographe, peintre, plasticien, etc.), vos coordonnées téléphoniques, votre nom de domaine ou votre adresse de blog. Elle doit donner un aperçu immédiat de votre style artistique. La mémorisation sera certainement meilleure si vous y incluez un visuel de qualité d'une de vos œuvres.

Faire réaliser des cartes de visites est aujourd'hui très peu onéreux. Plusieurs partenaires proposent des impressions gratuites *via* Internet (moyennant de voir le nom de leur société inscrit au dos de la carte).

Le CV

Une erreur à éviter

J'ai rencontré un jour un photographe débutant très prometteur à qui les organisateurs d'un salon ont demandé un CV en vue de procéder à une sélection. N'ayant pas compris que c'était de son CV artistique dont il s'agissait, il a fourni son CV professionnel faisant état de ses expériences passées en tant qu'assistant commercial ! Il va sans dire qu'il n'a pas été retenu…

Le CV artistique est l'un des piliers de votre politique de communication. Comme tout CV, il résume votre activité artistique (le plus souvent présentée de façon chronologique) et votre formation (si vous êtes autodidacte, n'ayez pas honte de le mentionner !). Il doit être à la fois complet et synthétique (un bon CV doit tenir sur une page). Mettez en valeur les principales expositions auxquelles vous avez participé, les éventuels prix ou médailles que vous avez décrochés ainsi que les articles dans lesquels vous avez été cité.

Vous devez être capable de présenter à tout moment les grandes lignes de votre CV. Attention toutefois à ne pas en faire un outil de communication spontané, car ce n'est pas sa vocation. Pour une diffusion large tous azimuts, préférez alors la carte de visite.

Le *book*

Votre *book* constitue un document de référence indispensable dans votre carrière artistique. Son coût sera fonction de la qualité recherchée et du nombre d'exemplaires à imprimer. Si vous disposez d'une imprimante couleur, vous pourrez le réaliser vous-même, en veillant toutefois à l'imprimer sur du papier de qualité.

Et sachez que lorsqu'un *book* vous est demandé, ce n'est pas tant son extrême originalité qui importe, mais plutôt l'affirmation de soi qu'il véhicule et la pertinence des propos qui y figurent. N'oubliez pas de le mettre à jour régulièrement !

Je vous conseille de disposer de deux *books* : un complet et un autre plus synthétique.

Le *book* complet

Il comporte, outre une présentation de votre parcours artistique et de votre positionnement, une présentation exhaustive de votre travail (œuvres regroupées par thématique ou par ordre chronologique), de vos expositions, de vos prix et/ou médailles… Il est agréable d'avoir sous les yeux un *book* clair, illustré, mettant en avant vos atouts. Ce *book* doit être disponible pour toute consultation sur place à des événements auxquels vous prendrez part. Ainsi, un ou deux exemplaires suffiront.

Un *book* plus synthétique

Il est d'une grande utilité si vous souhaitez par exemple présenter votre travail à une galerie ou envoyer votre candidature à un jury en vue de la participation à un salon. Vous ne garderez que l'essentiel sur vous et votre offre artistique, en prenant soin de sélectionner les œuvres les plus représentatives de votre travail. Veillez à disposer d'un nombre d'exemplaires suffisant, de façon à être en mesure de le présenter à chacune de vos visites.

Les cartons d'invitation

Là encore, inutile de trop investir en faisant forcément réaliser par un prestataire vos cartons d'invitation sur papier cartonné velours et dans un format absolument original. L'essentiel est que le support soit de qualité, qu'il y ait une cohérence dans les formats choisis et que vos identités graphiques, visuelles et votre style général soient respectés. Je vous avoue avoir été interpellée (et pas forcément positivement !) le jour où j'ai reçu un carton d'invitation *pop-up* (animé) de format ovale de la part d'un artiste qui ne peint que des formes géométriques et des aplats linéaires !

Tout comme votre carte de visite, vos cartons d'invitation doivent être complets sur le fond quant aux messages véhiculés et sobres sur la forme. L'idéal est de les illustrer et de les accompagner de quelques lignes manuscrites de façon à personnaliser chaque invitation, valorisant ainsi le client fidèle ou le prospect. Jouez sur le *teasing*, c'est-à-dire sur des formulations qui vont susciter l'intérêt de vos interlocuteurs et leur donneront envie d'en savoir davantage (quitte à réaliser plusieurs envois à quelques semaines d'intervalle).

Les actions de marketing direct

Il s'agit de l'ensemble des moyens de communication personnalisés (lettres d'information ou **newsletters**, **e-mailing**, etc.) que vous destinez à vos clients fidèles ou prospects, afin de les tenir informés de votre actualité artistique (manifestations, lancement d'une nouvelle série d'œuvres, vernissage, sortie d'un livre, rédaction d'un article, etc.). Veillez à ne pas noyer vos interlocuteurs sous un flot de papiers ou d'e-mails. Trop de communication tue la communication et ces informations risquent fort d'être classées verticalement, c'est-à-dire mises à la poubelle ou dans la corbeille de l'ordinateur ! Établissez donc un planning d'envois pour l'année et respectez-le.

Les canaux de diffusion

Action A3

Comme tout bon vendeur, l'artiste entrepreneur que vous êtes doit décider du mode de distribution de ses œuvres auprès de son ou ses marché(s) cible. Vous avez deux possibilités :

- vendre en direct aux consommateurs finaux (particuliers, collectionneurs, entreprises, etc.) ;
- vendre à des intermédiaires (galeries, maisons de ventes aux enchères, etc.).

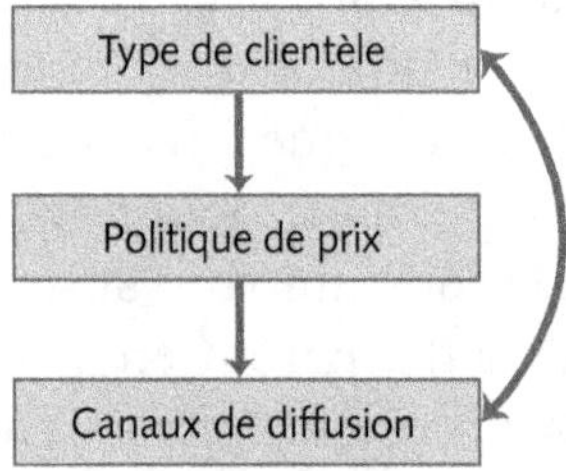

■ **Le mode de diffusion choisi influence l'image perçue de votre art et le type de clientèle que vous attirerez**

Quelques conseils

Voici quelques conseils d'ordre général qu'il vous sera facile d'appliquer.

Se tenir informé

Tenez-vous régulièrement informé des manifestations artistiques auxquelles vous pouvez potentiellement participer. Le bouche-à-oreille entre artistes fonctionne très bien, notamment pour avoir des « tuyaux » sur les manifestations qui « valent la peine » et les autres (en termes de coût, fréquentation, publicité faite par l'organisateur en amont de l'événement, réputation de la manifestation, etc.).

Internet et les revues spécialisées seront une source précieuse d'informations. Par ailleurs, vous avez sans doute déjà pu constater que les dossiers d'inscription aux salons, foires et marchés d'art contemporain transitaient aujourd'hui quasi exclusivement *via* Internet. Privilégiez dans la mesure du possible les manifestations où une sélection s'opère ; votre CV s'en trouvera valorisé.

Réfléchir avant d'agir

Même si vous débutez votre carrière et que cela peut s'avérer très tentant, ne vous précipitez pas pour répondre positivement à toute proposition d'exposition. **Posez-vous la question avant de vous engager** si telle ou telle manifestation artistique a du sens par rapport à vos objectifs, si elle est valorisable sur votre CV, si elle peut constituer un *booster* de carrière, si elle n'est pas trop coûteuse, etc.

En fonction des objectifs stratégiques annuels que vous vous êtes fixés, **sélectionnez certains types d'événements** : expositions locales, marchés, expositions associatives, salons, foires, entreprises, restaurants, magasins, galeries, lieux d'expositions temporaires (châteaux, chapelles, etc.), etc.

Le fait de présenter vos œuvres dans un lieu prestigieux et sélectif pour lequel vous aurez été sélectionné n'aura certainement pas le même impact sur votre CV (en termes de retombées médiatiques, d'opportunités ultérieures de vous voir proposer de participer à un salon réputé et à d'autres concours, etc.) qu'exposer dans un marché local ou aux journées portes ouvertes de votre quartier. Rappelez-vous que le retour sur investissement ne se mesure pas que quantitativement. L'essentiel est de rester dans la ligne de vos objectifs artistiques.

Miser sur la cohérence, le reflet et la continuité de votre style

Veillez à ce que vos œuvres présentées soient **cohérentes et reflètent votre style**. Encore trop souvent, certains artistes veulent en exposer trop, sans parvenir à sélectionner des œuvres qui se répondent entre elles. Ils prennent ainsi le risque que le client potentiel se détourne de leur stand, faute **d'unité visuelle**.

À chacune de vos manifestations, essayez de rester dans la **continuité de votre style** et de veiller à ce que votre « patte » soit toujours bien reconnaissable par votre public. Cela ne signifie pas que votre travail ne doit pas évoluer, bien au contraire ! L'adage bien connu selon lequel « les entreprises soit évoluent, soit disparaissent » s'applique aussi aux artistes ! Si toutefois vous décidez de procéder à un virage important (par exemple passer du figuratif à l'abstrait), essayez d'évoluer progressivement, par étapes, en vous fixant des objectifs de moyen à long terme.

En pratique

Gérer les virages

J'ai connu un artiste-peintre originaire de Provence qui avait beaucoup de succès, tant dans des expositions régionales que nationales. Lorsqu'il exposait à Paris, son stand attirait toujours énormément de curieux et de clients fidèles. Du jour au lendemain, il a proposé à son public une offre différente, essayant de « surfer » sur la tendance artistique du moment. *A priori*, ses clients n'ont pas saisi les raisons de ce virage radical ni apprécié un choix aussi brutal. Résultat: un chiffre d'affaires en chute libre et un artiste découragé qui n'arrive pourtant pas à se remettre en question.

Accrocher harmonieusement

Une présentation anarchique des œuvres sur un stand produit le même effet. Si vous êtes peintre, par exemple, veillez à procéder à un **accrochage harmonieux** en choisissant une pièce maîtresse (imposante par son format, par ses couleurs ou par sa thématique) et en construisant votre accrochage autour de cette dernière. N'hésitez pas à vous faire aider par vos voisins d'exposition, qui sont en général de bon conseil.

Trouver une accroche

Dynamisez vos manifestations, en attribuant à chacune d'elles un titre accrocheur correspondant au travail que vous exposez.

Construire un planning annuel

Enfin, élaborez votre **planning annuel**, qui se prépare au moins six mois à l'avance. Ainsi, c'est en milieu d'année en cours que vous prendrez des options pour l'année suivante (année N + 1).

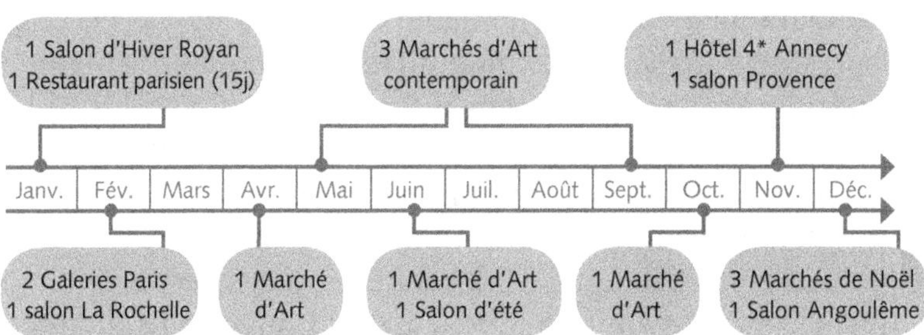

■ **Exemple de planning annuel**

Les marchés, salons et foires d'art contemporain

Ces manifestations sont à intégrer et à planifier dans votre plan de communication annuel.

Même si les ventes ne sont pas toujours au rendez-vous, dites-vous bien que votre participation à ces événements n'est jamais inutile. En effet, votre seule présence renforce *de facto* votre visibilité. Par ailleurs, ce sont des lieux d'échanges qui peuvent être l'occasion de rencontres prometteuses. J'ai eu ainsi l'occasion de croiser un jeune artiste-peintre espagnol remarqué par un collectionneur d'art lors de sa participation à un marché parisien. De même, vous constaterez qu'il est extrêmement fréquent d'être contacté par une galerie qui vous aura remarqué sur un salon ou un marché d'art et aura pris soin de récupérer votre adresse dans l'annuaire de la manifestation.

Quant aux foires, elles font essentiellement intervenir les galeries qui viennent y présenter le travail de leurs artistes à de gros acheteurs potentiels (collectionneurs nationaux ou internationaux).

Voici quelques conseils pour y attirer un maximum de visiteurs.

Communiquer avant la manifestation

Pour qu'à chacune des manifestations que vous organisez, vous drainiez un maximum de visiteurs, prospects et clients sur votre stand, **communiquez en amont de la manifestation**. Un événement sans communication, c'est un peu comme des verres de lunette sans monture : c'est inutile. Vous avez le choix de communiquer en *one shot* ou bien en deux temps. Une communication en deux temps se traduit par une première vague d'informations en *teasing* ; puis par une seconde vague de rappel afin de donner aux invités l'ensemble des informations requises.

Soulignez les particularités de chaque événement, de façon à ce que les personnes invitées perçoivent immédiatement l'intérêt de se déplacer pour venir découvrir votre travail.

Réseauter

Il se peut que vous profitiez de cette occasion pour lancer une nouvelle thématique ou série d'œuvres. Dans ce cas, mettez les bouchées doubles pour annoncer cette actualité : dynamisez votre communication autour d'un planning d'invitations bien ciblées ; **faites du *buzz*** en créant l'événement sur les **réseaux sociaux** *via* Internet ; diffusez des affiches et *flyers* (tracts publicitaires) auprès des professionnels situés dans un périmètre géographique proche du lieu de l'événement, etc.

Gérer votre liste de contacts

Utilisez la **liste de contacts** de votre base de données clients. Votre participation à un salon ou à un marché d'art est l'occasion rêvée pour envoyer un message à vos clients, prospects, relations professionnelles, amis, etc. Ce travail de communication requiert bien entendu une certaine préparation : mettre à jour votre liste de contacts, concevoir un message d'information impactant, individualiser dans la mesure du possible les messages pour vos interlocuteurs clés et procéder à l'envoi des e-mails et/ou courriers.

Différencier votre stand

Soyez créatif pour différencier votre stand de celui de vos voisins. En effet, en tant qu'artiste exposant, il n'est pas toujours facile d'obtenir un bon emplacement. Si votre stand se trouve niché au fond d'une allée, vous devez songer à d'autres façons de vous faire remarquer. Par exemple, vous pouvez tout à fait mettre en avant une œuvre positionnée sur un chevalet et pourquoi pas organiser une animation ou une démonstration sur un sujet bien défini, en lien avec vos thématiques artistiques ou votre technique.

Partager votre stand

Il peut également s'avérer intéressant de **partager votre stand** avec un autre artiste. Cela vous permettra, outre une réduction des coûts d'exposition, de faire connaître le travail de l'un auprès des visiteurs et clients de l'autre. Mettez-vous d'accord en amont de la manifestation sur le plan de communication de l'événement.

Si vos styles artistiques et positionnements sont complémentaires, ce mode d'exposition peut s'avérer « gagnant-gagnant » (pas de cannibalisation du travail de l'un par celui de l'autre), à condition de l'exploiter au mieux en mettant en avant ce partenariat dans vos communications.

Proposer des produits gratuits

Le but ? Inciter les visiteurs à faire une halte sur votre stand. Il peut s'agir de bonbons (succès assuré pour les artistes dont les œuvres ciblent prioritairement les enfants !), cartes postales de vos œuvres ou autres produits de merchandising si vous en disposez.

Miser sur la convivialité et l'ouverture

Faites en sorte qu'aucune table ni chaise n'obstrue le passage des visiteurs. La circulation sur votre stand doit être aisée. Cela incitera les curieux à s'approcher des œuvres exposées et, éventuellement, à entrer en contact avec vous.

Les galeries

Les galeries ne sont pas à négliger, loin de là…

Les galeries en France

En décroissance entre 2006 et 2008, le nombre de galeries connaît à nouveau une belle croissance, passant de 955 en 2009 à 1 158 en 2010 et 1 244 en 2011[1]. Comme l'atteste le graphique ci-après, elles s'appuient sur le travail d'un noyau dur d'artistes dont les œuvres se vendent régulièrement. Pour la plupart des diffuseurs (59 %), ce noyau dur regroupe d'un à cinq artistes.

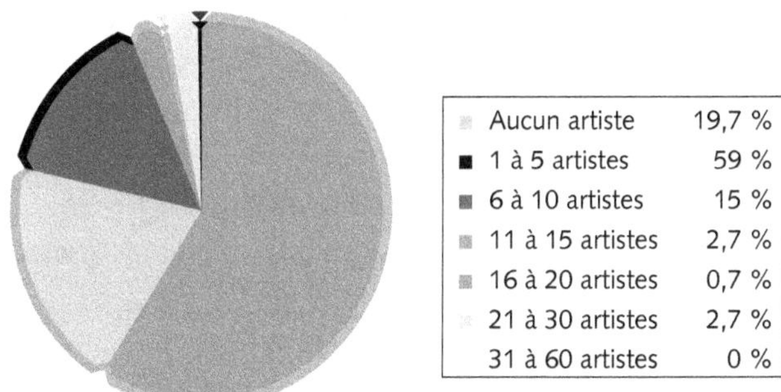

Pourcentage de galeries répertoriées en fonction du nombre d'artistes « réguliers » avec lesquels elles travaillent[2]

Une exposition en galerie vous permet d'accroître votre visibilité et votre notoriété tant au niveau national qu'international (les grosses galeries assurent plus de la moitié de leurs débouchés à l'étranger[3]). Par ailleurs, elles constituent une source d'apport de nouvelles relations influentes (critiques d'art, journalistes, etc.). Tout dépend cependant du marché et du type de clientèle auquel votre travail s'adresse

---

1. « Chiffres clés 2013 », ministère de la Culture et de la Communication, La Documentation française, 2013, p. 85.
2. « *Portait économique des diffuseurs d'art actuel inscrits à la Maison des Artistes* », ministère de la Culture et de la Communication, DEPS, janvier 2011.
3. *Le marché de l'art contemporain, op. cit.*, p. 49.

prioritairement. Si, par exemple, vous débutez votre carrière artistique, une exposition en galerie est-elle bien judicieuse dans les premiers temps ? Quel serait le ROI estimé d'une telle opération ? Et pour peu que le lieu où se situe la galerie ne soit pas très passant, ne pensez-vous pas que ce ne soit finalement que le soir du vernissage que vous maximiserez vos chances de réunir des clients potentiels ?

En tout état de cause, comme le mentionnent régulièrement les artistes, sachez qu'« il existe galeries et galeries ».

Idéalement, le galeriste « *soutient et accompagne son artiste "coup de cœur" non seulement financièrement, mais aussi en l'aidant à communiquer, à produire ses œuvres et un catalogue*[1] ». Cependant certaines galeries ne s'orienteront jamais vers la présentation de jeunes artistes inconnus ; elles préféreront travailler avec des figures de l'art contemporain.

D'autres, au contraire, développent des pratiques commerciales agressives envers des artistes inconnus qu'elles traquent à l'issue de manifestations (salons, foires, marchés d'art) en leur proposant de venir exposer dans leurs locaux, moyennant une somme d'argent bien conséquente qui ne correspond pourtant qu'à un simple droit d'accrochage ! Force est de constater que ces galeries ne font en général aucun effort de promotion pour soutenir les travaux des artistes.

Essayez d'identifier les galeries qui vous correspondent : leurs pratiques sont-elles adaptées à votre travail ? Quels sont leurs objectifs : investir dans le soutien de jeunes talents émergents qui ont à tout prix besoin de gagner en visibilité et en notoriété ? Ou bien choisir de n'exposer que des artistes déjà connus et reconnus ? Ou encore louer leurs murs à des artistes dont elles ne connaissent rien ?

---

1. Ktourza, V., *L'art contemporain à Paris*, Parigramme, 2009, p. 33.

D'un point de vue pratique, la vente par l'intermédiaire d'une galerie peut se passer de deux façons.

Vos œuvres sont directement acquises par la galerie, auquel cas vous percevez immédiatement le fruit de la vente de la totalité des œuvres achetées par le galeriste, commissions déduites. Comme vous pouvez vous en douter, seule une minorité de galeries propose ce genre de contrats… et pas à n'importe qui !

Vous laissez vos œuvres en dépôt-vente. Vous payez alors dans la plupart des cas un droit d'accrochage (en moyenne 500 euros pour une semaine) et, de surcroît, le galeriste vous prend un pourcentage sur vos ventes (commission s'établissant en général autour de 50 % du prix de vente, selon le degré de notoriété de l'artiste et les actions de promotion engagées par la galerie[1]). Dans ce cas, assurez-vous que le galeriste ne se contente pas uniquement d'accrocher vos œuvres ou de les entreposer au sous-sol, mais qu'il en assure également une promotion *a minima* ; il en va de son intérêt comme du vôtre. Dans tous les cas de figure, clarifiez un maximum d'éléments par écrit.

Les ateliers portes ouvertes

Une ou deux fois par an, pourquoi ne pas ouvrir les portes de votre atelier et promouvoir ainsi votre art auprès du grand public ? Nombreuses sont les communes qui organisent des journées portes ouvertes : grâce à un parcours guidé dans la ville, les habitants du quartier ou des communes avoisinantes sont invités à se rendre dans des ateliers ou appartements d'artistes (photographes, peintres, sculpteurs, céramistes, etc.). C'est un excellent moyen de développer une communication de proximité et de se faire connaître dans votre région.

---

1. *Le marché de l'art contemporain, op. cit.*, p. 47.

La presse

Pour donner un coup d'accélérateur à votre carrière artistique et accroître plus largement votre visibilité, rien ne vous empêche (même si vous n'êtes pas encore très connu) de communiquer *via* la presse généraliste ou spécialisée (revues, journaux d'art). Là encore, un tour d'horizon préalable s'impose : rendez-vous dans de grandes maisons de la presse, prenez le temps de compulser toutes les revues d'art, de répertorier et de noter les coordonnées des interlocuteurs qui pourraient être potentiellement de bons relais de votre communication : journalistes, rédacteurs en chef, etc.

Si vous êtes déjà reconnu et que vous avez une actualité majeure à faire partager au grand public, misez sur le communiqué de presse (texte relativement court que vous adressez vous-même aux journalistes sélectionnés) ou la conférence de presse (souvent plus coûteuse et moins aisée à organiser, puisqu'elle vise à réunir dans un même endroit – qui peut être votre atelier – plusieurs journalistes à qui vous présenterez un *positioning paper* de votre actualité, lequel sera repris *a posteriori* dans des revues ciblées).

Internet

Un outil incontournable

Outil de communication extrêmement efficace et peu onéreux, Internet est devenu aujourd'hui incontournable pour présenter et vendre vos œuvres ; quel autre média serait aujourd'hui susceptible de vous offrir une diffusion aussi large ?

- Disposez-vous d'un site Internet qui mette en valeur votre travail, permette de vous contacter rapidement et donne à l'internaute désireux d'acquérir une de vos œuvres toutes les indications nécessaires à son achat ?

- Disposez-vous d'un *blog* qui permette d'être redirigé vers votre site ?
- Capitalisez-vous sur les réseaux sociaux pour promouvoir votre art et échanger avec vos confrères ou vos clients ?
- Avez-vous déjà songé à réaliser une courte vidéo de vous et de votre travail, visualisable sur YouTube ?

En pratique

Les six rubriques indispensables d'un site

- Biographie
- Positionnement artistique
- Galerie photos, avec vos œuvres regroupées par thèmes ou par ordre chronologique (indiquez les œuvres disponibles pour la vente et mentionnez leur prix)
- Expositions à venir/actualités
- Section *blog* (incluant une rubrique commentaires)
- Contacts

Il faut que chaque visiteur, après être allé sur votre site, ait envie de se dire : « *J'ai vraiment envie de suivre cet artiste.* »

Comment promouvoir efficacement vos œuvres sur Internet ?

- **Bien référencer** votre site. Aujourd'hui, la technique la plus utilisée pour rechercher des sites ou toute autre forme d'information est l'utilisation des moteurs de recherche par mots-clés. Ces moteurs de recherche vous trouveront plus facilement si vous avez référencé votre site d'une façon logique. Ainsi, sur votre page d'accueil, veillez à mentionner un maximum de mots-clés afin d'être repéré au mieux.

- **Choisir** un nom de domaine disponible, facile à retenir et à orthographier. Votre nom de domaine est décisif, car il contribue à véhiculer votre image auprès de vos visiteurs internautes.

- Mettre en évidence la manière de **vous contacter** : indiquez votre e-mail, votre numéro de téléphone (facultatif) et, selon les cas, l'adresse de votre atelier en proposant des visites sur prise de rendez-vous.

- Inclure sur votre site des **images** de bonne qualité qui se téléchargent rapidement et les décrire précisément (titre, technique, format, prix, année de création). Pour que vos images puissent être facilement repérées par les moteurs de recherche, donnez-leur des titres qui reflètent la nature de vos œuvres (évitez les numérotations). Enfin, quelles que soient les formules d'accès et d'hébergement que vous aurez choisies, faites en sorte que la navigation sur votre site soit rapide. Il n'y a rien de plus ennuyeux que d'attendre parfois une minute avant de pouvoir télécharger une image.

- Préciser les **modalités de vente** de vos réalisations artistiques en mentionnant clairement les conditions générales s'appliquant à la vente en ligne de vos œuvres. Sachez qu'une vente sur Internet est considérée comme une vente par correspondance et doit, à ce titre, respecter la législation en vigueur, notamment en matière de rétractation. Il est préférable d'indiquer sur votre site l'existence de ce droit de rétractation, qui offre à tout acheteur une période de réflexion de sept jours ouvrables (à compter de la réception du colis) durant laquelle il peut retourner le produit sans pénalité ni justification. Le remboursement intégral doit alors intervenir dans un délai de trente jours. Si ce délai n'est pas respecté, l'article L. 121-20-3 du Code de la consommation dispose que le vendeur est alors redevable des intérêts en vigueur sur la somme due et passible de sanctions pénales. Enfin, expliquez de façon détaillée comment acheter et payer vos œuvres (carte bancaire, chèque, PayPal, virement, autres).

Mentionnez également les modalités et coûts d'expédition. Une fois l'achat réalisé, vous confirmerez à votre client l'acte d'achat par e-mail ou par courrier.

Comment « booster » les visites sur votre site ?

Afin de drainer un maximum de visiteurs sur votre site, faites apparaître votre nom de domaine **sur l'ensemble** de vos éléments promotionnels : cartes de visite, *book*, CV, cartons d'invitation, affiches, articles de presse où vous êtes cité, *newsletters*, courriers, e-mails, etc.

Communiquez également de vive voix sur l'existence de votre site auprès de vos interlocuteurs : galeries démarchées, amis, réseaux, clients, chambres de commerce de votre région, entreprises de votre quartier, etc.

Enfin, rien de tel qu'un *blog* pour faire venir sur votre site un maximum de visiteurs. Vous pouvez non seulement y inclure une présentation de vous-même, de votre offre artistique et de votre actualité, mais également y diffuser des informations sur d'autres artistes avec lesquels vous travaillez ou avez des affinités. Sur un *blog*, les possibilités de thématiques sont infinies. Un *blog* est une formidable source de commentaires et de feed-back (remontées d'informations) qui vous permet d'évaluer la façon dont vos prospects ou clients réagissent à telle ou telle action ou initiative. Et si ce que vous écrivez est jugé intéressant par vos lecteurs, ces derniers pourront diffuser le contenu de votre *blog* sur Internet et les réseaux sociaux, ce qui augmentera encore votre audience.

D'autres moyens de promouvoir votre art sur Internet

– **Les galeries virtuelles** disposent de sites particulièrement efficaces sur lesquels les artistes peuvent déposer leurs œuvres visualisables et achetables par tout internaute. Ces sites proposent en général une démarche de sélection des œuvres extrêmement structurée ; certaines galeries virtuelles vont même jusqu'à proposer d'effectuer une recherche d'œuvres par formats ou par coloris dominants ! Bien référencées dans les moteurs de recherche, les galeries virtuelles vous offrent quoi qu'il en soit l'opportunité d'accroître votre visibilité et votre notoriété.

– **Les sites de ventes aux enchères** comme eBay attirent de plus en plus d'internautes désireux d'acquérir des œuvres originales à des prix raisonnables.

– **Les réseaux sociaux** sur Internet représentent aujourd'hui un formidable atout pour les artistes. C'est en effet un très bon moyen de présenter vos œuvres, de créer les événements autour de votre actualité artistique et de vous constituer ainsi une véritable audience. Les réseaux sociaux permettent de créer de multiples contacts. Ils peuvent être l'occasion de prendre des initiatives en commun avec d'autres artistes qui cherchent eux aussi à se faire connaître ou à accroître leur notoriété. De surcroît, les réseaux sociaux sont aussi très bien référencés dans les moteurs de recherche et permettent donc d'être repéré très facilement.

Les professionnels

Les entreprises de votre région

N'hésitez pas à présenter votre travail aux **entreprises de votre région**, qui peuvent s'avérer de bons vecteurs de communication de votre art. Elles sont susceptibles d'acquérir des œuvres d'art soit parce qu'elles ont pour objectif d'investir dans le cadre du mécénat (investissement culturel qui fonctionne comme une dépense de publicité déductible des impôts et qui valorise l'image de l'entreprise), soit tout simplement parce qu'elles souhaitent agrémenter le cadre de travail de leurs collaborateurs. Il existe des entreprises qui s'engagent dans le soutien des artistes contemporains et possèdent de véritables collections d'œuvres d'art. Elles sont ainsi amenées à organiser régulièrement des vernissages, des expositions temporaires ou des colloques.

Les magasins de décoration ou d'ameublement

Comme nous l'avons expliqué plus haut, bon nombre de personnes achètent en effet avec pour seul objectif de décorer un appartement neuf, une pièce ou tout simplement créer une nouvelle ambiance dans leur salon. Combien de fois les artistes entendent-ils ce genre de commentaires de la part de visiteurs: « *Ce tableau me plaît, mais j'aimerais qu'il soit un peu plus orangé, pour mieux aller avec notre intérieur* » ? Ainsi, selon la nature de votre travail, ces enseignes peuvent constituer de bons relais de promotion de votre travail artistique, pour un public désireux d'orner son intérieur ou ses bureaux. Osez donc franchir le seuil de leur porte pour leur présenter votre *book* !

Les restaurants et les hôtels

Ils sont de plus en plus nombreux à proposer des expositions régulières. Pour vous procurer les coordonnées de ces établissements, il suffit d'effectuer une recherche sur Internet. Vous pourrez ainsi visualiser sur écran les locaux en question et vérifier que l'ambiance qui s'en dégage est en adéquation avec votre style. Si c'est le cas, non seulement cela mettra en valeur votre travail, mais vous augmenterez en outre vos chances d'être retenu. Attention, les listes d'attente sont souvent très longues et il n'est pas rare de devoir patienter plusieurs mois avant de pouvoir concrétiser une exposition. Afin de valoriser au mieux votre travail dans ces lieux d'exposition, je vous encourage vivement à vous montrer force de proposition auprès des directeurs d'établissement.

En pratique

Exposer dans les restaurants et les hôtels

Proposez-leur par exemple :

- de laisser des présentoirs avec vos cartes de visite ou cartes postales de vos œuvres ;
- de laisser sur chaque table du restaurant ou dans chaque chambre d'hôtel une courte biographie illustrée que vous aurez pris soin de préparer pour l'occasion ;
- de mentionner votre exposition sur leur site Internet ;
- d'organiser un vernissage (en général à vos frais) selon leur convenance.

Pour communiquer efficacement sur vos prix, je vous recommande non seulement de laisser une liste de prix à l'accueil des établissements concernés, mais également d'indiquer vos tarifs sur vos œuvres, car c'est un bon moyen de signifier qu'elles sont en vente ! Nombreux sont les clients qui, loin de penser qu'il s'agit d'œuvres à acheter, n'osent poser aucune question sur le travail exposé.

Quant aux grands hôtels, sachez qu'ils sont de plus en plus nombreux à investir dans l'art pour attirer de façon plutôt originale une nouvelle clientèle. Il paraît que certains mettent bien du pain au four pour parfumer leur maison lorsqu'ils veulent la vendre !

Savoir-faire n° 7

FIXER LE PRIX DE VOS ŒUVRES

Action A4

La problématique à laquelle ont été confrontés dès la Renaissance mécènes, marchands ou collectionneurs est aujourd'hui encore loin d'être clairement résolue : comment fixer le prix des œuvres ? C'est une question que beaucoup d'artistes se posent. Tous les calculs savants que vous pourrez faire n'auront de sens que si vous les déterminez par rapport à votre positionnement-prix (lire page 49).

Afin de ne pas être totalement déconnecté du marché et de vous donner un minimum de repères, je vous encourage dans un premier temps à vous rendre dans plusieurs lieux d'exposition ou à visiter plusieurs sites Internet dédiés à l'achat d'art, afin de vous rendre compte des fourchettes de prix pratiqués. Veillez toutefois à comparer ce qui peut l'être, tant en termes de travail artistique, de positionnement global que de circuits de distribution. Aussi, faites attention aux prix indiqués en galeries qui ne reflètent pas toujours les rapports existant entre l'offre et la demande sur le marché de l'art.

Quels critères prendre en compte ?

Une fois que vous avez procédé à ce tour d'horizon, je vous suggère d'appliquer la méthode répandue de **fixation des prix à partir des coûts de revient**, qui a le mérite d'être simple et de se fonder avant tout sur des critères objectifs. Ainsi, afin de fixer des prix cohérents, prenez en compte les éléments suivants.

La taille de vos œuvres

En peinture, par exemple un format 3F ne sera pas valorisé autant qu'un format 12F. Après avoir déterminé le prix d'une toile dite de référence (3F par exemple), vous en déduirez le prix d'une toile de format 12F en appliquant une règle de 3, dont nous expliquerons la méthode de calcul dans le chapitre suivant.

La technique employée

Il peut s'agir de la peinture à l'huile, l'aquarelle, l'acrylique, du dessin au fusain, du recours à de la terre, du métal, etc. Certains matériaux coûtent plus cher que d'autres ou revêtent un caractère plus « noble ».

Les frais engagés pour créer

Il peut s'agir de frais fixes ou de frais variables.

Les frais fixes recouvrent par exemple le loyer d'un atelier, le chauffage ou l'électricité. Vous pouvez répartir ces frais selon une base mensuelle. Ainsi, si le loyer de votre atelier vous coûte 1 000 euros par mois et que vous prévoyez de vendre dix œuvres dans le mois, alors vous pouvez inclure dans votre prix de vente la valorisation de votre loyer à hauteur de 100 euros par œuvre.

Les frais variables correspondent au prix des matériaux utilisés et au temps passé sur chaque œuvre (posez-vous la question de savoir combien vous valorisez une heure de votre travail). Ces frais seront à répartir sur une œuvre donnée.

Ajoutez au prix de vente ainsi fixé une marge (variant en général entre 10 et 30 % de vos frais engagés), afin non seulement de couvrir vos frais, mais également de tenir compte du bénéfice dégagé sur une œuvre. N'oubliez pas non plus de prendre en compte les éventuelles commissions si vous décidez de passer par des intermédiaires pour assurer la vente de vos créations ; en général, ces intermédiaires (comme les galeries) retiennent 30 à 50 % du montant de vos ventes.

Faites le calcul qui vous permettra de déterminer à partir de quel niveau de prix votre travail devient rentable. Si par exemple, pour une œuvre donnée, vous avez la structure de coûts suivante :

Frais fixes	20 euros
Frais variables	30 euros
Temps passé	150 euros (5 heures valorisées à 30 €)
TOTAL FRAIS	200 euros

Le prix de votre œuvre devra *a minima* s'établir à 200 euros pour que vous « rentriez dans vos frais ». Et si, pour la vendre, vous comptez l'exposer dans un salon qui vous a coûté 500 euros de frais d'inscription et que vous exposez dix toiles dans ce salon, vous pouvez donc ajouter 50 euros minimum par œuvre pour atteindre le **seuil de rentabilité** (hors marge).

Certains sites Internet proposent, en combinant ces critères, de réaliser des simulations afin d'estimer très rapidement le prix de votre travail à partir de cette méthode des coûts de revient.

La notoriété, l'expérience et la cote de l'artiste

La notoriété de l'artiste et son **expérience** sont également à prendre en considération : le nombre d'expositions auxquelles il a participé et la nature de ces dernières, les prix et/ou médailles éventuellement obtenus, le nombre d'articles de presse le concernant, le nombre de livres qui lui sont consacrés ou encore sa formation (école d'art, autodidacte). Depuis le XXe siècle, le prix des œuvres subit toujours l'influence forte de la signature de l'artiste.

La **cote** de l'artiste, quant à elle, intervient dans la fixation du prix des œuvres dès lors que la notoriété de ce dernier est bien assise et qu'elle reflète alors de façon fiable la valeur de son travail artistique. Une cote se construit dans le temps.

Adapter et tester vos prix

Des prix cohérents

Tout au long de votre carrière artistique, **restez cohérent** dans les prix que vous fixez. J'accorde personnellement davantage de crédibilité à un artiste dont la courbe de prix évolue régulièrement à la hausse au fil des années d'expérience acquise (cf. graphe ci-dessous). Que penser en effet d'un jeune artiste débutant défendant bec et ongles une stratégie d'écrémage en pratiquant d'emblée des prix supérieurs à la moyenne du marché ? Au-delà du fait qu'il risquerait d'être perçu comme un arriviste (par ses pairs comme par son public), c'est bel et bien sa carrière artistique qu'il mettrait en jeu en fixant une politique de prix trop agressive. En effet, de même qu'un jeune diplômé qui intégrerait une grande entreprise avec un salaire pharaonique à l'embauche n'aurait qu'un potentiel d'évolution très limité à court ou moyen terme, un artiste débutant qui opterait de suite pour une stratégie d'écrémage n'aurait aucune marge de manœuvre pour faire évoluer ses prix par la suite.

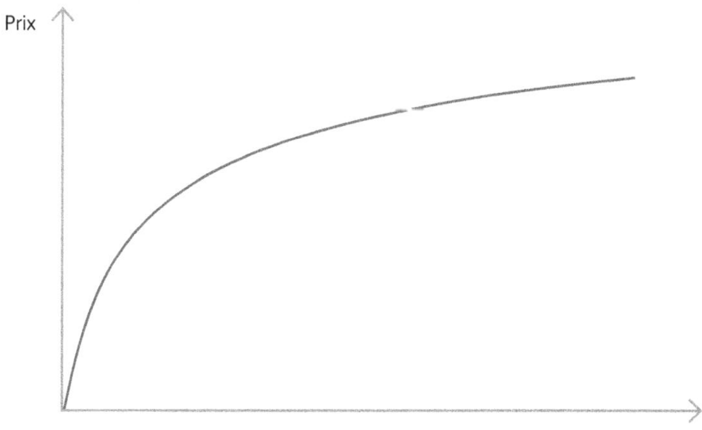

■ **Évolution progressive des prix (courbe asymptotique)**

Lorsque vous aurez atteint un seuil de notoriété satisfaisant et que vous serez largement connu et reconnu (dans une zone géographique par exemple), vous vous rendrez vite compte que vous n'aurez plus besoin de fixer vous-même vos prix : votre signature sera suffisamment connue pour que ce soit « *le marché, l'environnement, qui donne des indications sur le prix de [vos] œuvres[1]* ». C'est alors que la cotation prend tout son sens, car elle reflète une valeur fiable du travail de l'artiste.

Vous auriez tort de vous entêter, comme le font pourtant certains, à fixer des prix élevés coûte que coûte, sans prendre en considération le type de manifestations auquel vous participez, ou bien sous prétexte que vous avez vendu une fois une œuvre à un prix très élevé. **Adaptez-vous au contexte ! Et testez votre stratégie prix !**

---

1. *Art et marketing, op. cit.*, p. 38.

Gardez en mémoire que pour beaucoup, l'achat d'œuvres d'art n'est pas indispensable, puisque comme nous l'avons vu précédemment, il ne répond pas à un besoin, et surtout pas à un besoin vital. Certains vous diront qu'en art, il n'y a pas lieu de faire des « prix d'amis » ni de cadeaux, sous peine de vous décrédibiliser. Je vous encourage néanmoins à tenir compte du contexte économique. Dès lors, pourquoi ne pas accepter à titre exceptionnel une baisse de prix sur une œuvre si vous estimez que le frein à l'achat est son coût ?

Il n'y a pas de bon ou de mauvais prix ; le tout est de rester en cohérence avec votre marché et de tenir compte du lieu où vous exposez. En effet, comme nous l'avons vu plus haut, votre politique de prix dépend fortement du choix de vos circuits de distribution, et *vice versa*. Par exemple, des prix trop bas en galerie ou dans des salons prestigieux peuvent mettre à mal votre crédibilité. *A contrario*, des prix trop élevés sur un marché régional risquent de freiner vos ventes potentielles. En fonction des objectifs artistiques que vous vous êtes fixés et de la clientèle que vous ciblez, pensez-vous qu'il est plus judicieux de vendre « beaucoup » à un prix raisonnable (ce qui ne manquera pas de vous procurer du baume au cœur et sera satisfaisant pour votre ego) ou peu à un prix élevé ?

Les fondements du positionnement

Revenez toujours aux fondements de votre positionnement pour répondre à cette question et définir la stratégie de prix la plus adaptée à votre travail et à vos ambitions. Pour mémoire, la réflexion que nous avons engagée dans les pages précédentes sur le positionnement de votre produit nous a conduits à identifier deux grandes stratégies de prix :

- une **stratégie de pénétration** de marché, avec des prix inférieurs à la moyenne du marché ;

- une **stratégie sélective dite « d'écrémage »**, avec des prix supérieurs à la moyenne du marché.

Reportez-vous en page 49 pour davantage de détails sur ces deux stratégies de prix.

Quels que soient vos choix en la matière, **votre objectif est d'obtenir le revenu qui, une fois vos coûts déduits, maximise votre profit**. Ceci se résume par la formule suivante :

$$(P \times Q) - (C \times Q) = \Pi$$
$$P = \text{prix} \quad Q = \text{quantités} \quad C = \text{coût global} \quad \Pi = \text{profit (bénéfice)}$$

À vous de déterminer le niveau de prix (P) qui permettra d'agir favorablement sur votre profit (Π).

Tout profit s'analyse en termes de ROI, notion sur laquelle nous allons largement revenir (lire page 158).

Communiquer sur vos prix

Voici encore une question que bien des artistes se posent : faut-il afficher le prix de ses œuvres ? À vrai dire, il suffit de se rendre sur n'importe quel lieu d'exposition pour s'apercevoir qu'il n'existe pas une seule bonne façon de faire et qu'en la matière, les pratiques des artistes divergent beaucoup.

Certaines manifestations sont extrêmement codifiées, leur règlement vous imposant d'afficher ou non vos prix. Mais lorsque aucune consigne particulière ne vous est donnée, quelle est la meilleure façon de procéder ?

À vrai dire, il n'y a pas de règle prédéfinie. Ce tableau vous aidera peut-être à prendre une décision quant à l'affichage de vos prix de vente.

Les « pour »	Les « contre »
• Peut être perçu comme un avantage différenciant si vous avez opté pour une stratégie de pénétration de marché avec des prix plus bas que ceux de vos confrères. • Peut aider à donner d'emblée une vision complète et transparente de votre offre. • Peut constituer pour votre prospect une base de négociation réaliste. • Ne pas afficher les prix peut laisser supposer que vos œuvres sont chères (n'est-il pas communément admis que l'art est « hors de prix » ?).	• Peut bloquer toute discussion sur l'œuvre, d'autant plus si le prix dépasse le budget fixé par votre prospect. Pour une œuvre d'art, le prix ne constitue en général jamais le premier levier d'achat. Laissez votre prospect vous en faire la demande au moment où il décidera d'aborder la question du coût. • Peut donner une image peu prestigieuse de vos œuvres qui risquent d'être inconsciemment perçues comme de « vulgaires » biens de grande consommation (dévalorisation de l'œuvre d'art).

■ **Affichage du prix des œuvres d'art**

Voici un bon compromis si vous êtes hésitant : affichez de façon discrète vos prix, en les rendant suffisamment visibles pour un client potentiel. L'identification de chaque œuvre à l'aide d'un numéro renvoyant à votre liste de prix peut s'avérer un entre-deux intéressant.

Quoi qu'il en soit, afficher ou non vos prix au public ne vous dispense pas d'établir une liste de prix cohérente que vous prendrez soin d'avoir toujours avec vous lorsque vous exposerez vos créations.

Savoir-faire n° 8

VENDRE VOS ŒUVRES

Beaucoup d'artistes ont du mal à parler de vente, sans doute parce qu'ils pensent (à tort) que la vocation de l'artiste n'est pas de vendre ni de s'orienter vers une quelconque démarche commerciale. C'est un tort. Reprenons cette citation potentiellement dérangeante d'Andy Warhol pour nous permettre de réfléchir à la question : « *Gagner de l'argent est un art, travailler l'est également et faire de bonnes affaires est le plus bel art qui soit[1].* »

Notez que bon nombre d'artistes, et non des moindres, ont travaillé à la commande en vue de faire face à des impératifs financiers. C'est par exemple sur commande et pour répondre à une demande identifiée que de célèbres peintres tels que Pierre de Cortone, Jean-Baptiste Corot ou Marc Chagall ont été amenés à créer leur autoportrait.

Ne soyez donc pas gêné quand on vous demande le prix de l'une de vos œuvres : **tout le monde vend ou se vend**, avec des techniques propres à chacun ! C'est vrai pour la boulangerie du métro parisien qui diffuse une odeur de croissants en vue d'attirer les clients, comme pour la candidate qui se rend à un entretien d'embauche après avoir pris soin de se maquiller et de s'habiller selon les codes vestimentaires de la société convoitée.

---

1. « *Making money is art and working is art and good business is the best art.* »

En tant qu'artiste entrepreneur, vous devez impérativement connaître et appliquer quelques techniques de vente de base, que la démarche commerciale soit ou non votre fort. Rappelez-vous bien, que, comme nous l'avons vu plus haut, il n'y a pas de véritable demande sur le marché de l'art[1] (parce que l'art ne répond pas à un besoin), ce qui signifie qu'au-delà de la production d'un travail de qualité et d'actions de communication ciblées, **le recours à des techniques de vente efficaces sera indispensable pour « pousser » vos produits** auprès de votre public et créer les conditions favorables à leur achat. En effet, dépenser 800 euros pour acquérir une œuvre n'est pas négligeable, surtout dans un contexte de crise économique.

Conseils pour dynamiser vos ventes

Le raisonnement est logique : plus vous réussirez à drainer de visiteurs sur votre stand, plus vous multiplierez vos chances d'y attirer des prospects, puis de voir ces prospects devenir des clients et *in fine* de multiplier vos opportunités de ventes. Je vous engage donc avant tout à relire le chapitre consacré aux meilleurs moyens de maximiser le nombre de visiteurs sur votre stand (lire pages 78-80). Les conseils présentés ci-après le complètent.

Endroit d'exposition

Aménagez-vous un **endroit d'exposition** (stand ou panneau d'accrochage) convivial et agréable à l'œil. Veillez notamment à l'harmonie des œuvres présentées (lire page 77).

---

1. *Art et marketing, op. cit.*, p. 11, 31 et 32.

Ouverture d'esprit

Soyez ouvert : souriez, **allez à la rencontre** de vos visiteurs. Il n'y a rien de pire qu'un exposant les yeux rivés sur un roman ou son écran d'ordinateur, donnant l'impression de ne pas vouloir être dérangé. De même, la position assise sur un stand est à bannir. Montrez-vous disponible et trouvez le juste milieu entre trop de distance et trop de proximité avec vos interlocuteurs.

Valorisation

Mettez-vous en valeur auprès de votre public. **L'image que vous avez de vous-même et de votre travail détermine la façon dont les autres vous perçoivent.** Selon les termes empruntés à l'analyse transactionnelle (un sous-chapitre est consacré à cette théorie en pages 176 et suivantes), soyez « OK » avec vous-même. Ayez une image positive de vous et de votre art. Votre **confiance** en vous et en votre travail doit transparaître.

Les mots parasites « petit », « petit peu » et « un peu » sont à bannir de votre communication orale ; de même que ce genre de discours qui déprécie le travail d'artistes affichant pourtant la ferme volonté de vouloir faire du *business* : « *Ah ? Vous aimez ma nouvelle série d'œuvres ? À vrai dire, personnellement, je préférais l'ancienne. [...] Je suis donc prêt à vous faire un prix.* »

En pratique

Comment valoriser ses œuvres ?

Valoriser vos œuvres passe obligatoirement par l'explication de votre positionnement artistique et de votre travail. Comme nous l'avons vu plus haut, le monde de l'art n'est pas insensible aux effets de modes et les achats sont parfois

.../...

motivés par pur snobisme. Vous devez donc mettre en avant non seulement l'ensemble des caractéristiques différenciantes de votre produit, mais également vendre votre parcours, votre expérience, vos prix et distinctions, votre cote si vous en avez une, vos plus belles réussites artistiques, votre portefeuille clients, etc. En d'autres termes, apportez des éléments rassurants à vos acheteurs potentiels et… créez votre propre marketing !

Questions ouvertes

Lorsque vous engagez la discussion, veillez à poser des questions dites « ouvertes », c'est-à-dire permettant à vos interlocuteurs de s'exprimer largement dans leurs réponses, et à vous de recueillir **des informations** précieuses (vous pourrez ensuite les retranscrire dans votre base de données clients).

En pratique

Comment poser des questions ouvertes ?

Par exemple, plutôt que de demander : « *Est-ce que cette œuvre vous plaît ?* » (question fermée, à laquelle votre interlocuteur n'a le choix de répondre que par l'affirmative ou par la négative), préférez la formulation suivante : « *En quoi cette œuvre vous plaît-elle ?* »

À l'écoute

Soyez à l'écoute ! Être à l'écoute, c'est LA qualité première de tout commercial. Cela signifie notamment respecter la vision de l'autre sans porter de jugement. C'est également cerner le besoin de l'acheteur potentiel et y répondre. Nous reviendrons sur ce savoir-être qu'est l'écoute dans le deuxième chapitre de la troisième partie de cet ouvrage.

Arguments et messages non verbaux

Enfin, comme tout bon commercial, identifiez chez chaque interlocuteur qui montrera de l'intérêt pour votre travail les **arguments cités** ou les **messages non verbaux** émis sur lesquels vous allez prendre appui pour faciliter l'acte d'achat, ou pour lever les objections mises en avant. Dans bien des cas, vous noterez que les réticences ne sont pas formulées explicitement et bon nombre de visiteurs tournent bien vite les talons de votre stand sans même engager la conversation. Dans tous les cas, ne « forcez jamais la main » de vos interlocuteurs.

Le traitement des objections

En termes de marketing ou de vente, le fait de lever des freins s'appelle « traitement des objections ».

Voici les sept principales objections qui reviennent le plus souvent aux oreilles des artistes[1]. Ce tableau vous aidera à y répondre de façon structurée et efficace.

---

1. Dans son ouvrage *Art et marketing* (*op. cit.*, p. 341-342), Rafael de Garay en traite quatre d'entre elles, considérant qu'il s'agit des objections les plus fréquentes.

Étape n°1: écouter l'objection	*Étape n°2:* reformuler l'objection et poser des questions ouvertes nécessaires à sa clarification	*Étape n°3:* apporter des éléments de réponse/ conseils/solutions pour lever l'objection
« C'est un peu cher. » *« Le prix de votre œuvre dépasse mon budget. »*	Ne pas hésiter à parler « argent » en questionnant sur la fourchette budgétaire fixée.	– Donnez un maximum d'explications sur votre travail pour que la personne prenne conscience de sa valeur et du temps de création que vous y avez consacré. – Demandez-lui quelle fourchette de prix serait considérée comme « acceptable ». – Proposez-lui un paiement en plusieurs fois.
« De toute façon, je ne compte pas acheter aujourd'hui. »	– *« C'est-à-dire ? »* (*« Comptez-vous acheter un autre jour ? »* *« Jamais ? »*) – *« Votre acte éventuel d'achat serait-il dépendant des conditions de l'offre (type d'œuvre, prix) ? »*	– *« Votre décision serait-elle toujours la même si vous aviez un réel "coup de cœur" pour une œuvre ? »* – Proposez à la personne de venir voir votre travail à une autre occasion.
« Je n'ai plus de place chez moi ! »	– *« C'est-à-dire ? »* – S'assurer que cette objection n'en cache pas une autre.	– *« Si vous aviez un réel "coup de cœur" pour une œuvre ou s'il s'agissait d'une œuvre de votre artiste préféré, ne trouveriez-vous pas ne serait-ce que un mètre carré pour l'exposer ? »*

Étape n°1: écouter l'objection	*Étape n°2:* reformuler l'objection et poser des questions ouvertes nécessaires à sa clarification	*Étape n°3:* apporter des éléments de réponse/conseils/solutions pour lever l'objection
« J'aimerais un format plus grand/plus petit. »	*– « Pourquoi (par goût, pour convenir à un endroit précis) ? »* *– « Quelles dimensions vous conviendraient ? »*	– Si vous avez de plus grands/plus petits formats en stock, proposez une visite d'atelier sur rendez-vous. – Si vous acceptez de travailler « à la commande », proposez de réaliser une œuvre comparable de format plus grand/plus petit, en précisant toutefois que certains travaux ne sont malheureusement pas adaptés à des grands/petits formats.
« J'aime cette œuvre, mais les tons orangés ne vont pas aller dans ma chambre. »	S'assurer que cette objection n'en cache pas une autre.	– Si vous en avez en stock, proposez à la personne de voir des œuvres dans les tonalités recherchées. – Précisez-lui que si elle a un vrai « coup de cœur » pour l'œuvre, cette dernière pourra être exposée partout.
« C'est dommage, j'ai déjà acheté une œuvre d'art la semaine dernière… »	*– « De quel type d'œuvre s'agit-il ? »* *– « En quoi cela vous pose-t-il problème (budget? place?) ? »*	– Accentuez la différenciation de votre travail. – Apportez une réponse adaptée aux raisons invoquées.

Étape n°1: écouter l'objection	*Étape n°2:* reformuler l'objection et poser des questions ouvertes nécessaires à sa clarification	*Étape n°3:* apporter des éléments de réponse/conseils/solutions pour lever l'objection
«*J'aimerais revenir avec ma femme/ mon mari.*»	– «*Pourquoi?*» – «*Quels sont vos points de doute?*» – «*Qu'est-ce qui pourrait être bloquant pour elle/pour lui?*»	– Proposez à la personne de photographier votre œuvre pour que son conjoint puisse la visualiser. – Incitez-la à contacter son conjoint pour qu'il/elle se rende sur le lieu d'exposition. – Proposez-lui de leur laisser l'œuvre pour qu'ils puissent l'apprécier *in situ*.

Le service client

« *Si vous ne pensez pas client, vous ne pensez pas du tout*[1] *!* » À travers cette formule, Philip Kotler nous sensibilise à l'importance que revêt cette notion de « service client ».

Nous l'avons vu, le service minimal de base que vous devez offrir à vos interlocuteurs avides de savoir consiste à leur donner des informations précises et concises sur votre positionnement ainsi que des explications claires sur votre travail et vos sources d'inspiration.

Parallèlement, vous allez devoir développer des services plus tangibles qui peuvent vous sembler *a priori* n'être que de simples détails, mais qui peuvent pourtant faire toute la différence. Ces services pourront faire que vos clients auront envie de revenir voir votre travail à d'autres occasions, de vous acheter une nouvelle œuvre, ou pas... En

---

1. *Le marketing selon Kotler, op. cit.*, p. 34.

effet, certains détails oubliés peuvent bloquer une vente ou mettre à mal votre image auprès de votre clientèle.

Et rappelez-vous, comme nous l'avons vu plus haut, qu'il sera toujours plus facile et moins onéreux de fidéliser un client existant plutôt que d'essayer d'en capter de nouveaux. Le nerf de la guerre, en art comme dans bien d'autres domaines d'activité, n'est plus tant de dénicher de nouveaux clients que de mettre en œuvre des actions efficaces et innovantes pour **les développer et les retenir**.

Soyez conscients que lorsqu'un client vous a acheté une première œuvre, c'est qu'il vous a fait confiance. Et si, de surcroît, c'est la première fois qu'il se lance dans l'achat d'art, il ne pourra sans doute s'empêcher d'éprouver quelque chose en emportant votre œuvre. Vous devez donc pérenniser cette relation en mettant en œuvre un programme de services. Il est à parier qu'un client qui apprécie votre travail artistique et vos services aura envie de vous acheter à un moment ou à un autre une autre œuvre !

La livraison des œuvres

Ce n'est qu'à partir du moment où l'acquéreur reçoit l'œuvre achetée que la vente est considérée comme finalisée. Si le client n'emporte pas l'œuvre immédiatement sur le lieu d'exposition, assurez-lui une livraison dans les meilleurs délais.

Je vous conseille fortement **d'anticiper les conditions d'acheminement** de vos œuvres avant de les mettre en vente, de façon à être en mesure d'en informer précisément vos clients potentiels. Ces derniers sauront ainsi à quoi s'attendre, tant en termes de délais de livraison que de coût total d'acquisition.

Tarifs

Renseignez-vous sur **les tarifs de livraison**, qui dépendent non seulement du poids de vos œuvres (emballage compris), mais également des transporteurs choisis, publics ou privés (si vos œuvres sont de grand format, vous aurez sans doute intérêt à faire appel aux services d'un transporteur privé). Selon les cas, vous pourrez ainsi aisément inclure ces frais dans le prix de vente global de vos œuvres et rassurer vos acheteurs quant au prix total de leur achat.

Assurance et transport

Envisagez des solutions pour les **assurances** et le **transport** de vos œuvres. Renseignez-vous sur les tarifs d'expédition à l'étranger, notamment si vous exposez dans des lieux hautement touristiques. Et sachez finaliser les transactions en anglais !

Livraison directe

Il se peut que votre acheteur, pour des raisons pratiques, ne puisse immédiatement emporter votre œuvre. S'il habite dans un rayon géographique proche du vôtre, il pourra préférer que vous la lui livriez vous-même, à une date et en un lieu prédéterminés. Soyez clair et précis sur les indications du rendez-vous. Pensez à échanger vos numéros de téléphone afin de parer à tout contretemps. Le jour de la livraison, délivrez à votre client une lettre de reconnaissance de réception signée de sa main, qui vous servira de preuve de livraison en cas de litige.

Emballage

Attachez une importance toute particulière à **l'emballage de votre œuvre**, car outre le fait de la protéger, il contribue, au même titre que le packaging de tout produit, à véhiculer votre **image de marque**. Considérant chaque colis comme un véritable écrin dans lequel leur œuvre vient s'insérer, certains artistes confectionnent avec soin des pochettes protectrices personnalisées pour chaque œuvre, en veillant à y faire figurer leur charte graphique et leur identité visuelle. Avant de réaliser ce genre d'opérations, je ne saurais que trop vous recommander une nouvelle fois de tester votre concept, et surtout d'en déterminer la rentabilité (en temps et en argent).

Dans tous les cas, veillez à disposer sur le lieu d'exposition d'un **stock suffisant** de matériel d'emballage résistant et suffisamment protecteur. Cela peut vous paraître évident, mais j'ai déjà vu des artistes s'apercevant qu'ils manquaient de papier bulle ou de scotch au moment d'empaqueter l'œuvre qu'ils venaient de vendre ! Outre l'image d'un manque de professionnalisme de leur part, ils prennent le risque que le client abîme l'œuvre. Pour des emballages déjà utilisés, assurez-vous d'avoir ôté au préalable toute marque ou étiquette qui pourrait encore y figurer.

Traçabilité

Enfin, **tracez votre colis et informez** si besoin votre client du *process* de distribution. Ainsi, communiquez-lui le nom du transporteur choisi, le numéro de suivi du colis ainsi que la date et l'heure de livraison prévues.

L'information des clients

Une fois l'œuvre achetée, toute une série d'actions de communication va devoir être mise en place, dans un souci de respect, de transparence et de fidélisation.

Remerciements

Le **respect** de votre client passe avant tout par le **remerciement**.

> **En pratique**
>
> ### Comment remercier un client ?
>
> - À « chaud », sur le lieu d'exposition, vous allez bien entendu remercier de vive voix celui ou celle qui vient d'acquérir l'une de vos créations. Veillez alors à ne pas trop en faire…
> - Un bon moyen de remercier vos clients *a posteriori* consiste à rédiger un mot de remerciement écrit de votre main accompagné d'une carte de visite que vous glisserez avec l'œuvre.

Vous pouvez lui demander, sans que cela le dérange, de vous envoyer par e-mail une photographie de votre œuvre prise chez lui, afin de pouvoir la visualiser *in situ*. C'est un excellent moyen de fidélisation, car cela marque l'implication de l'artiste dans son œuvre, et valorise par là même le client.

Transparence

La **transparence** consiste à fournir à votre acheteur l'ensemble des informations relatives à l'œuvre et à son achat. Ainsi, prévoyez de remettre lors de chaque vente un **certificat d'authenticité** de vos œuvres. Bien qu'il n'existe pas de format imposé en la matière, votre certificat devra néanmoins comporter quelques éléments indispensables : la photographie de l'œuvre, son titre, son format, sa technique, sa date de création, votre nom et votre signature. Contrairement à une facture, un certificat d'authenticité ne fait jamais mention du prix de l'œuvre acquise.

En pratique

Un modèle de certificat

Voici un modèle de certificat (traduit en anglais), qui pourra vous être utile :

Éric M.

artiste Peintre/**Painter**

Adresse postale

N° de téléphone, adresse mail et site Internet

N° d'ordre MDA/N° Siret

Certificat d'authenticité/**Certificate of authenticity**

L'œuvre « *xx* » est une œuvre originale d'Éric M. créée en *xx*

The painting « *xx* » is an original work of Éric M. created in xx

Dimensions : 80 x 80 cm

Size : 80 × 80 cm

Technique mixte et huile sur toile

Mixed materials and oil painting on canvas

Signature : en bas à droite

Signature : **at the bottom on the right**

                                                              Date

Signature

Prévoyez également, si vous êtes habilité à le faire, d'établir une **facture**. Reportez-vous à la page 130 de cet ouvrage pour davantage de précisions sur ce sujet.

Fidélisation

Quant à la **fidélisation** de vos clients, elle passe par **l'information régulière** que vous leur transmettez. Ainsi, tenez-les informés (envoi de mailings, *newsletters via* e-mails ou courrier, informations et commentaires sur votre *blog*) de votre actualité artistique, ainsi que des mises à jour significatives de votre site Internet.

« *Les métiers de la création sont très dépendants du bouche-à-oreille* », note Christelle Capo-Chichi dans son *Guide du graphiste indépendant*[1]. Informer votre entourage constitue un moyen de l'impliquer dans votre activité, et donc de le fidéliser de façon efficace et peu onéreuse. Lorsque vous procédez à l'envoi de vos messages par e-mail, veillez à mettre vos destinataires en copie cachée ; outre le fait de renforcer la valorisation de vos clients (celui qui reçoit le message a l'impression que vous ne vous adressez qu'à lui), cela témoigne de votre respect envers ces derniers, qui ne vous ont pas demandé de diffuser leur adresse mail tous azimuts.

Pensez également à envoyer une carte de vœux tous les ans.

Enfin, vous pouvez proposer aux clients qui vous ont fait confiance et que vous avez identifiés comme VIP (*very important person*) des « **services** » **personnalisés**. Par exemple, pourquoi ne pas concevoir, produire et aller jusqu'à leur offrir des petites œuvres spécialement créées pour les cadeaux de Noël ou pour la fête des mères, incluant des photos personnelles… Toute opportunité de développer votre activité est bonne à saisir !

---

1. Pyramid, 2009, p. 97.

Partie II
LES SAVOIRS

En termes de ressources humaines, les savoirs sont habituellement définis comme un ensemble de connaissances et d'aptitudes acquises par l'observation, l'apprentissage ou l'expérience. Il s'agit donc de compétences essentiellement techniques. Je vous propose de poursuivre la lecture de ce livre en vous mettant dans la peau d'un recruteur d'artistes entrepreneurs. Vous rédigerez une petite annonce où vous prendrez soin de préciser :

« Il ou elle devra :

- *connaître les principaux acteurs du marché dans lequel il/ elle évolue ;*

- *avoir des connaissances de base en histoire de l'art ;*

- *avoir des notions juridiques et fiscales de base ;*

- *maîtriser les techniques de communication orale et écrite ;*

- *avoir des connaissances de base en anglais (être capable de se faire comprendre) ;*

- *connaître les étapes clés de la gestion de projet ;*

- *avoir une certaine affinité (ou une affinité certaine !) pour les chiffres ;*

- *maîtriser le logiciel Excel. »*

Cette liste de compétences requises peut vous surprendre, d'autant plus qu'a *priori*, elle n'a pas grand-chose à voir avec votre passion.

Mon objectif dans cette deuxième partie est justement de vous faire prendre conscience une nouvelle fois qu'être artiste, c'est **exercer un métier comme un autre** et qu'à ce titre, vous devez absolument acquérir ou approfondir des compétences techniques de base.

Ce serait un leurre que de croire, comme le soutenait Albert Einstein, que *« l'imagination est plus importante que le savoir »*. Einstein, lui, pouvait peut-être se permettre de le dire…

Mon but est de vous expliquer en quoi ces compétences sont nécessaires à la tenue de votre métier, de vous donner le degré d'exigence requis pour chacune d'elles et de vous indiquer ce qu'elles sont susceptibles de vous apporter dans votre vie au quotidien, comme lors de vos rencontres avec votre public.

LES ACTEURS DU MARCHÉ

Que vous soyez dessinateur, sculpteur, photographe ou peintre, et ce indépendamment de la nature de la carrière artistique que vous convoitez, il est important d'avoir une vision globale du décor qui vous entoure.

Vous évoluez dans un marché de l'art complexe et plutôt nébuleux. En effet, l'activité commerciale des acteurs qui y gravitent n'y est pas répertoriée de façon précise. Par exemple, les œuvres d'art peuvent être vendues soit par l'intermédiaire de galeries (dont le chiffre d'affaires total n'est pas toujours aisé ni à évaluer ni à consolider), soit par le biais de ventes aux enchères (dont les chiffres sont finalement les seuls à être publiés).

Comme tout marché, le marché de l'art se définit comme le lieu de rencontre de l'offre et de la demande, où gravitent trois grandes catégories d'acteurs bien identifiées, qui ont chacune des rôles et responsabilités bien définis[1,2].

Les créateurs

Ils assurent une mission de production : ce sont les artistes.

---

1. D'après le site Internet de l'École du Louvre : www.ecoledulouvre.fr.
2. D'après *Le marché de l'art contemporain*, *op. cit.*, p. 29-74.

Les consommateurs finaux

Ils assurent une mission d'achat : ce sont les collectionneurs (qui peuvent aussi présenter leur collection particulière dans des lieux publics), les particuliers, les banques privées, les musées, les entreprises, etc.

Les consommateurs intermédiaires

Ils assurent une mission d'achat et de revente.

Les galeristes

À la fois experts et marchands d'art, ils repèrent et achètent des œuvres (le plus souvent d'art contemporain) avec pour objectif de les revendre à des collectionneurs, des particuliers, des musées ou des maisons de ventes aux enchères. Ils définissent la valeur des œuvres ainsi acquises et en garantissent l'authenticité.

Les maisons de ventes aux enchères

Elles représentent, avec les galeristes, les deux intermédiaires les plus représentés au niveau national. Les commissaires-priseurs (officiers ministériels) qui y travaillent sont chargés de procéder à l'inventaire des œuvres, à la rédaction des catalogues de vente, à l'estimation et à la vente aux enchères publiques des biens. Elles s'adressent aux artistes dont la notoriété est déjà bien assise.

Les antiquaires

Ces marchands diplômés en histoire de l'art recherchent et identifient dans les expositions, les salles de ventes aux enchères ou chez les collectionneurs (collections privées) les œuvres d'art qu'ils ont pour objectif de revendre. À l'instar des galeristes, ils se prononcent sur l'authenticité des œuvres sélectionnées.

Les courtiers

Ce sont des marchands experts en art dont la mission est identique à celle des galeristes (intermédiaire entre les clients acheteurs et les vendeurs), à ceci près que les courtiers exercent leur activité en dehors de toute galerie.

Les tiers

Les critiques d'art

Ils exercent souvent des professions parallèles telles que l'enseignement ou le journalisme et jouent un rôle essentiel dans la médiatisation des artistes.

Les experts ou consultants

Ils gravitent autour des courtiers, des galeristes et des commissaires-priseurs en assurant l'estimation des œuvres vendues par ces intermédiaires. Ils peuvent être amenés à assister les commissaires-priseurs lors des ventes aux enchères. Ils jouent un rôle essentiel dans la légitimation d'un artiste ou d'une œuvre d'art. Notez qu'en France, le titre « d'expert en art » n'est pas réglementé.

Les conservateurs de musées

Eux aussi participent à la légitimation d'un artiste, car dès lors qu'elle est exposée dans un musée, une œuvre prend le statut d'œuvre d'art.

Les commissaires d'exposition

Chefs de l'exposition artistique (salon, foire, biennale), ils sont notamment chargés de rechercher des financements et d'élaborer les catalogues des manifestations.

Les agents artistiques

Le plus souvent indépendants, ils représentent un ou plusieurs artistes et sont chargés de négocier les contrats en leur nom, en vue de l'achat ou de la vente d'œuvres d'art.

Les pouvoirs publics

Ils assurent un rôle de régulation du marché en soutenant la demande : soutien aux galeries, achat d'œuvres, soutien et aides financières aux artistes ainsi qu'aux écoles d'art.

Bien sûr, au cours de votre carrière artistique, il se peut que vous soyez amené à ne côtoyer que quelques-uns de ces acteurs. Il est néanmoins important que vous connaissiez ces circuits, ainsi que les principaux rôles et responsabilités de chacun d'entre eux : il en va de votre crédibilité.

L'histoire de l'art

Une absence totale de connaissances en histoire de l'art risquerait fort de mettre à mal votre image auprès de vos interlocuteurs. Même si vous êtes autodidacte, « *l'important reste [...] dans le bagage culturel* » que vous vous serez constitué, note Isabelle de Maison Rouge dans son ouvrage *Salut l'artiste*[1].

A minima, vous devez être en mesure de préciser dans quelle tendance artistique vous inscrivez votre travail, de parler des mouvements qui vous ont particulièrement inspiré et d'expliquer pourquoi.

De même, vous devez être capable de **référencer** ce que vous dites ou écrivez. Au cours d'un récent vernissage, j'ai rencontré un collectionneur d'art ennuyé de ne pas se souvenir du nom de la femme de Kandinsky. Lui ayant fait part dans la conversation de ma passion pour l'expressionnisme allemand, j'aurais certainement bien vite perdu la face si je n'avais pas été capable de lui communiquer ce nom instantanément.

Ainsi, afin d'expliquer et de valoriser au mieux votre travail, vous aurez besoin de vous appuyer sur un minimum de connaissances en histoire de l'art. L'objectif n'est pas de connaître par cœur tous les courants artistiques ni de citer de façon exhaustive les artistes ayant illustré chacun d'eux,

---

1. *Op. cit.*, p. 47.

mais tout au moins de savoir reconnaître les grands mouvements artistiques, ainsi que leurs principaux artistes avec leurs œuvres les plus représentatives, de comprendre dans quel contexte historique ou économique ces mouvements sont apparus, et de savoir évaluer leurs caractéristiques techniques.

Pour cela, lisez ! Livres d'art, magazines spécialisés et discussions avec des critiques d'art sont de formidables sources d'information et de puissants moyens d'approfondir vos connaissances dans le domaine.

Si vous êtes peintre, voici un tableau qui pourra vous être utile[1]…

Mouvement	Période		Peintres les plus représentatifs
Renaissance	XVe-XVIe siècles	1425-1500	Raphaël, Fra Angelico, Lippi, Boticelli, Véronèse, Fouquet, Dürer
Classicisme	XVIIe siècle	1575-1710	Carrache, Poussin
Caravagisme		1600-1625	Le Caravage, Velázquez, Rubens
Baroque		1625-1700	De Cortone, Murillo
Rococo	XVIIIe siècle	1710-1775	Boucher, Fragonard
Néoclassicisme		1760-1830	David, Régnault
Romantisme	XIXe siècle	1770-1840	Delacroix, Goya, Géricault, Turner
École de Barbizon		1830-1850	Daubigny, Millet
Réalisme		1850-1890	Courbet, Daumier

---

1. D'après Fride-Carrassat, P., Marcadé, I., *Les mouvements dans la peinture*, coll. « Comprendre et reconnaître », Larousse, 2010, p. 232-235.

Mouvement	Période		Peintres les plus représentatifs
Impressionnisme	XIXe siècle	1850-1870	Monet, Manet, Pissarro, Degas, Sisley, Morisot, Renoir
Naturalisme		1880-1900	Cazin, Raffaelli
Naïfs		1875	Rousseau
École de Pont-Aven		1880-1890	Gauguin, Sérusier
Art nouveau		1890	Klimt, Mucha
Expressionnisme	XXe-XXIe siècles	1900-1930	Kirchner, Kandinsky, Macke, Schiele, Soutine
Fauvisme		1905	Matisse, Dufy, Derain
Cubisme		1905-1915	Picasso, Braque
Art abstrait		1910-1920	Malevitch, Mondrian
Dada		1915-1925	Duchamp, Ernst, Johns
Art déco		1910	Dupas, Lhote, Sironi
Surréalisme		1920-1940	Magritte, Miro, Dali
Expressionnisme abstrait		1940-1955	Gorky, Rothko, Mitchell
Art brut		1935-1970	Dubuffet, Ossorio
Action Painting		1945-1955	Pollock
Pop'art		1955-1970	Warhol, Blake
Nouveau réalisme		1960-1970	Klein, Raysse
Minimal art		1960-1980	Lewitt, Newmann, Ryman
Hyperréalisme		1965-1980	Parrish, Don Eddy
Arte Povera		1965-1970	Kounellis, Fabro
Bad painting		1980-1985	Schnabel, Basquiat

Mouvement	Période		Peintres les plus représentatifs
Art numérique	XXe-XXIe siècles	1980-1985	Lublin, Dumb Type
Graffiti art		1975 -…	Blade, Zwillinger
Figuration libre		1985 -…	Combas
Nouveaux fauves		1975 -…	Baselitz
OuPeinPo		1990 -…	Carelman, Gagnaire

Savoir n° 3

LES NOTIONS JURIDIQUES, FISCALES ET SOCIALES[1]

Dès lors que vous créez, communiquez, exposez et diffusez vos œuvres dans le domaine public avec pour objectif de les vendre, vous serez confronté à un moment ou à un autre à des problématiques d'ordre juridique, social et fiscal. Quelques notions de base dans ces domaines vous seront donc nécessaires.

Très schématiquement, ces trois statuts répondent aux questions suivantes :

* **statut juridique** : travailleur indépendant (statut « artiste auteur ») ou société ?

* **statut fiscal** : quel régime d'imposition ?

* **statut social** : quelles modalités de prévoyance (maladie, maternité et retraite) ?

L'objectif est ici de vous donner quelques repères sur les grands types de questions qui reviennent régulièrement, sachant que si vous souhaitez étudier en profondeur l'ensemble de ces aspects, il existe des guides juridiques pour artistes, ainsi que des sites Internet extrêmement complets.

---

1. Sources : Airiau, F., *Guide juridique de l'artiste amateur*, Fleurus, 2010 ; Guide du graphiste indépendant, *op. cit.* ; site Internet de la MDA (www.lamaisondesartistes.fr), mise à jour juillet 2014 ; site Internet de l'APCE (www.apce.com), mise à jour février 2014.

> **En pratique**
>
> ### Les questions les plus fréquemment posées par les artistes
>
> Que signifie être un artiste amateur ?
>
> Quelles formalités administratives et fiscales dois-je accomplir si je veux vendre mes œuvres ?
>
> Dois-je obligatoirement être inscrit à la Maison des artistes (MDA) ou à l'Agessa[1] ?
>
> Dois-je créer une société si je veux faire de mon activité artistique mon unique métier ?
>
> Comment déclarer mon activité ? Quels en seront les impacts fiscaux ?
>
> Qui me versera mes prestations maladie ?
>
> Suis-je assujetti à la TVA ?

Il se peut que vous hésitiez à franchir le cap de vous déclarer « artiste » auprès des autorités administratives et fiscales pour des raisons que vous pensez justifiées :

- votre chiffre d'affaires est extrêmement faible ;

- vous exercez une activité professionnelle parallèle pour laquelle vous êtes déjà déclaré ;

- vous trouvez les formalités administratives trop complexes ;

- vous pensez passer au travers des mailles du filet en ne vous rendant pas trop « visible ».

Si tel est le cas, votre chemin risque de ne pas vous mener bien loin. En effet, rares sont aujourd'hui les organisateurs de manifestations qui ne demandent pas de numéro d'affiliation ou de Siret pour valider la participation d'un

---

1. Association pour la gestion de la Sécurité sociale des auteurs d'œuvres littéraires, photographiques, musicales, chorégraphiques, cinématographiques et des auteurs de logiciels.

artiste. Par ailleurs, comme le note Christelle Capo-Chichi dans son *Guide du graphiste indépendant*, *« aucun client sérieux n'acceptera de vous faire travailler durablement sans un numéro Siret et un numéro d'identification à la Maison des Artistes*[1] *»*. Il en va de votre **crédibilité**, et surtout de votre **conformité avec la loi**. Par ailleurs, sachez que la MDA, dans le cadre de sa mission de recensement, renforce aujourd'hui son contrôle auprès des artistes amateurs en effectuant une vérification pointue sur les catalogues d'expositions, sur les sites Internet des artistes, ainsi que sur tout document qui pourrait lui être transmis. Elle est ensuite susceptible de demander à l'Urssaf d'effectuer des contrôles.

Il est vrai que le sujet n'est pas forcément d'un abord facile et bon nombre d'artistes jouent l'immobilisme, sous prétexte d'informations insuffisantes sur le sujet.

Vous trouverez ci-après quelques **principes de base** qui devraient répondre à beaucoup de vos préoccupations et vous permettre d'être « en règle » avec les autorités administratives et fiscales.

L'artiste amateur

La définition de l'artiste amateur est loin d'être univoque. Tantôt, l'amateurisme s'oppose au professionnalisme, auquel cas vous êtes qualifié d'artiste amateur lorsque vous exercez une activité professionnelle principale qui coexiste avec votre activité artistique. Tantôt la notion d'amateurisme est poussée à l'extrême, impliquant alors de ne tirer aucun revenu financier de son activité artistique, cette dernière étant alors considérée comme un simple loisir non rémunérateur. Personnellement, je retiens la première

------

1. *Op. cit.*, p. 8.

définition, qui reflète la réalité du marché et de l'activité des artistes qui y gravitent.

Le statut d'artiste auteur

En France, les travailleurs indépendants exerçant une activité de création artistique disposent d'un statut spécifique : celui des artistes auteurs. Ce statut est attribué par deux organismes : la MDA pour les auteurs d'œuvres graphiques et plastiques ou l'Agessa pour les auteurs d'œuvres littéraires, photographiques, musicales, chorégraphiques, cinématographiques et les auteurs de logiciels.

L'obligation d'une déclaration sociale et fiscale

Conformément à la législation en vigueur, dès lors que vous exercez une activité dont vous êtes susceptible de tirer des revenus, vous avez l'obligation de **vous déclarer socialement et fiscalement**, même si vous exercez par ailleurs une autre activité (salarié, profession libérale, artisanale, commerciale, agricole, etc.), et ce indépendamment de votre statut (salarié, demandeur d'emploi, retraité, étudiant)[1]. En effet, dès lors que vous tirez un revenu d'une activité artistique, vous devez obligatoirement vous acquitter de cotisations sociales : c'est ce qu'on appelle **l'assujettissement**.

Votre déclaration en tant qu'artiste auteur[2] s'effectue en **deux étapes**.

---

1. www.lamaisondesartistes.fr (mise à jour juillet 2014).
2. Les artistes auteurs exercent à titre indépendant une activité de création. Ils ont un droit de propriété littéraire et artistique sur leurs œuvres et sont susceptibles de percevoir à ce titre des droits d'auteur (www.apce.com ; mise à jour février 2014).

Étape n°1: vous identifier socialement auprès des services administratifs de la **MDA**.

Vous obtenez ainsi **un numéro d'ordre** MDA à inscrire sur toutes vos pièces administratives et/ou professionnelles (courriers, factures, contrats, etc.).

Étape n°2: déclarer le début de l'activité au **Centre de Formalité des Entreprises (CFE)** de l'**Urssaf**

Vous remplissez un formulaire P0i à l'Urssaf, qui assure le rôle de centre de formalités des entreprises et communique les informations recueillies à l'Insee. C'est l'Insee qui vous attribue alors un **numéro Siret** et un **code APE** vous permettant d'exercer votre activité en toute légalité.

Vous êtes obligé de tenir une **comptabilité**, aussi simple soit-elle. Vous pourrez vous contenter de dresser une liste exhaustive de vos recettes et de vos dépenses annuelles en fonction des grands postes du compte de résultat (lire page 156 pour davantage de précisions sur le sujet). L'essentiel est de pouvoir apporter les éléments justifiant de votre activité et de tracer vos dépenses.

Dès lors, tous les documents inhérents à votre activité artistique devront porter les mentions suivantes: numéro d'ordre MDA et numéro Siret.

Dès l'attribution de votre numéro Siret, vous êtes habilité à émettre des **factures** pour vos clients.

En pratique

Un modèle de facture sans TVA

Éric M.
artiste Peintre
Adresse postale
Coordonnées téléphoniques et e-mail
N° d'ordre MDA
Code NAF*/N° Siret

> Nom de l'acheteur
> Adresse postale

FACTURE n°

Œuvre originale d'Éric M. : *« titre de l'œuvre »*

Format :

Technique :

Année de création :

Prix HT : x €

Dispensé du paiement de la TVA en application de l'article 293-B-III du CGI.

Prix TTC : y €

Fait à XXX, le

Signature d'Éric M.

Tous droits de reproduction et de représentation réservés.

---

* Le code NAF (Nomenclature d'Activité Française pour les « créations artistiques relevant des arts plastiques) est 90.03 A.

Le choix du régime fiscal

Vous devez impérativement déclarer à l'administration fiscale dans votre déclaration de revenus annuelle tout euro perçu issu de votre activité artistique dans la **catégorie « bénéfices non commerciaux »** (BNC). Si votre activité artistique est considérée comme accessoire, c'est votre activité principale qui commande votre régime fiscal.

Vous choisirez le régime fiscal le plus approprié lors de votre enregistrement au CFE de votre centre des impôts. Il sera fonction de votre revenu fiscalement imposable (c'est-à-dire du revenu de vos ventes dont vous déduirez l'ensemble de vos frais et charges). Ainsi, vous pourrez opter :

- Soit pour le **régime de la micro-entreprise « spécial BNC »** : on considère alors que vos dépenses représentent 34 % de votre revenu. Sous réserve que vos recettes HT soient inférieures à **32 900** euros[1], l'administration fiscale procède donc à un abattement de 34 % à la base de votre bénéfice annuel déclaré.

- Soit pour le **régime de la déclaration contrôlée** : vos charges sont alors calculées sur la base de vos frais réels professionnels. Ce régime est très certainement le plus adapté aux activités indépendantes, pour lesquelles les charges représentent en général plus de 34 % des recettes. Il devient obligatoire si vos recettes annuelles sont supérieures à **32 900** euros et/ou si vous optez pour le paiement de la TVA.

---

1. Chiffre en vigueur pour l'année 2014.

Chiffre d'affaires annuel HT	Régime fiscal applicable
Inférieur à 32 900 €	Régime de la **micro-entreprise** « spécial BNC » Abattement de 34 %
	Régime de la **déclaration contrôlée** (régime réel) Déduction des frais réels
Supérieur à 32 900 €	Régime de la **déclaration contrôlée** (régime réel) Déduction des frais réels **Assujettissement obligatoire** à la TVA (10 %)

Il est souvent conseillé aux artistes d'opter pour le régime de la déclaration contrôlée avec paiement de la TVA lorsque l'activité a atteint son rythme de croisière. *A contrario*, il s'avère souvent plus avantageux de recourir au régime de la micro-entreprise en début de carrière, dans la mesure où il nécessite moins de formalités administratives et comptables.

La taxe sur la valeur ajoutée (TVA)

La TVA est un impôt indirect sur la consommation. Pour les artistes auteurs, le taux de TVA applicable est de 10 %.

Ainsi, pour calculer le prix toutes taxes comprises (TTC) d'une œuvre, vous multipliez son prix (P) hors taxe (HT) par 1,10 :

$$P \text{ TTC} = P \text{ HT} \times 1{,}10$$
$$\text{Ou } P \text{ HT} = P \text{ TTC}/1{,}10$$

Vous pouvez cependant bénéficier d'une **franchise** de TVA si vous avez réalisé au cours de l'année précédente un chiffre d'affaires HT n'excédant pas 42 300 euros[1].

Vous avez donc la possibilité d'être dispensé du paiement de la TVA. Dans ce cas, vous veillerez à apposer sur vos fac-

---

1. Chiffre en vigueur à février 2014 (source : site www.apce.com).

tures la mention « *Dispensé du paiement de la TVA en application de l'article 293-B-III du CGI* ».

En pratique

Une option avantageuse

Même si vos revenus sont inférieurs au seuil de 42 300 euros, vous avez la possibilité d'opter pour le paiement de la TVA, ce qui vous permet de récupérer cette taxe sur vos achats. Il va sans dire que cette option peut s'avérer très avantageuse si ceux-ci (matériel, notamment) sont importants.

La création d'entreprise

Si vous faites de votre activité artistique une activité habituelle, vous pouvez décider de créer votre propre entreprise. L'entreprise Unipersonnelle à Responsabilité Limitée (EURL) ou l'entreprise Individuelle (EI) sont les deux formes juridiques les plus couramment adoptées par les artistes. Une différence majeure les distingue :

L'EURL est une société commerciale, c'est-à-dire que le patrimoine personnel de son dirigeant est bien distinct du patrimoine de l'entreprise, qui est totalement autonome.

Dans l'EI, le patrimoine personnel de l'entrepreneur est confondu avec celui de son entreprise. En effet, l'entrepreneur individuel exerce son activité professionnelle en son nom propre. De ce fait, par exemple, il est tenu responsable des dettes contractées par son entreprise sur ses biens personnels ; en cas de difficultés financières, le chalet de montagne familial pourra donc être saisi ou vendu…

Si vous choisissez de créer votre société, quelle que soit sa forme juridique, vous devrez déclarer votre activité auprès du CFE de l'Urssaf de votre région (résidence fiscale). Si vous optez pour la création d'une société commerciale (EURL ou SARL), votre statut juridique vous imposera d'être inscrit au Registre du Commerce et des Sociétés (RCS). La personnalité morale d'une entreprise existe à compter de son immatriculation au RCS.

Quel statut sera le plus avantageux pour vous : opter pour le régime de l'artiste auteur ou bien créer votre entreprise ? Le site de l'APCE (www.apce.com), l'Agence pour la création d'entreprise, vous donnera toutes les informations nécessaires si vous comptez lancer votre activité.

En pratique

Quid de l'auto-entrepreneur ?

Le **statut d'auto-entrepreneur**, rendu possible par la loi de modernisation économique depuis janvier 2009, peut sembler attrayant de part son extrême facilité de mise en place et sa simplicité administrative. Toutefois, « *le régime social des artistes auteurs affiliés […] semble incompatible avec l'auto-entreprise*[1] » dans la mesure où leur statut social s'assimile à celui du salariat et qu'à ce titre, ils ne peuvent exercer leur activité artistique en libéral. Ainsi, le recours au statut d'auto-entrepreneur ne serait envisageable que pour « *les artistes non affiliés (libres) ou les amateurs en phase de professionnalisation*[2] ». Notez que les possibilités de recours au statut d'auto-entrepreneur pour les artistes auteurs ont évolué depuis 2009. En 2014, l'APCE, considérant que l'appellation « artiste libre » ne correspond à aucun statut véritable, a clairement précisé dans sa fiche consacrée aux artistes auteurs que ces derniers « *ne peuvent pas bénéficier du régime de l'auto-entrepreneur*[3] ». Tenez-vous donc bien au courant des actualités juridiques avant de vous lancer !

---

1. *Guide juridique de l'artiste amateur, op. cit.*, p. 196.
2. *Ibid.*
3. Fiche APCE consacrée aux artistes auteurs (source : www.apce.com ; mise à jour février 2014).

La séparation des comptes bancaires

Que vous décidiez de créer votre entreprise ou que vous optiez pour le statut d'indépendant, l'ouverture d'un compte bancaire professionnel bien distinct de votre compte-courant personnel est toujours fortement recommandée (ce principe est rendu obligatoire en cas de création d'une société commerciale – EURL ou SARL). Dans tous les cas, la séparation des comptes professionnel et personnel vous permettra d'identifier très facilement vos sources de revenus et surtout de dépenses, et donc d'effectuer un suivi comptable plus aisé.

Les impacts sociaux

Sachez que si vous êtes artiste amateur, votre activité artistique étant accessoire, vous êtes couvert par le régime de la Sécurité sociale de votre activité principale. Toutefois, vous êtes redevable des cotisations sociales liées à votre activité artistique et êtes rattaché, selon la nature de votre revenu artistique, soit à l'Urssaf, soit à l'Agessa (pour les auteurs et les photographes), soit à la MDA (pour les artistes en arts graphiques et plastiques).

Attention, le fait de cotiser n'implique pas forcément l'ouverture de droits aux prestations sociales. C'est en effet l'affiliation qui conditionne le versement des prestations. Et en tant qu'artiste amateur, vous n'avez pas forcément à être affilié (puisque vous êtes couvert par le régime de protection sociale de votre activité principale). L'affiliation à l'un de ces organismes vous permet de bénéficier du statut social d'artiste auteur.

Si le régime des artistes auteurs est plus favorable que celui qui vous couvre normalement, vous pouvez choisir de bénéficier des prestations maladie, maternité, invalidité et décès gérées par la MDA ou l'Agessa. Notez qu'aucun de ces organismes ne se substitue à votre Caisse primaire d'assurance-maladie (CPAM) qui continuera à jouer son rôle habituel ; la MDA et l'Agessa sont des intermédiaires entre votre CPAM et vous-même.

En pratique

Les conditions d'affiliation pour bénéficier des prestations sociales[1]

- Être résident fiscal en France.
- Exercer de manière habituelle une activité de création indépendante.
- Avoir enregistré un bénéfice annuel + 15 % supérieur ou égal à neuf cents fois la valeur horaire moyenne du SMIC[2].

L'affiliation prend effet au 1er janvier de l'année civile en cours pour une durée d'un an et six mois.

---

1. Site de l'APCE (www.apce.com) ; mise à jour février 2014.
2. Au 1er janvier 2014, la valeur du SMIC horaire brut a été portée à 9,53 euros. Il s'agit donc de bénéfices annuels + 15 % supérieurs ou égaux à 8 577 euros (soit des bénéfices annuels supérieurs ou égaux à 9 864 euros).

Savoir n° 4

LES TECHNIQUES DE COMMUNICATION

La communication orale

Comme c'est souvent le cas, vous ne disposez que de très peu de temps face à votre interlocuteur pour **délivrer de façon claire et concise vos messages clés** (présentation de votre positionnement, de votre travail, de votre expérience, de votre motivation, de vos sources d'inspiration, etc.). Comme on le dit en recrutement, les dix premières secondes passées avec un candidat sont décisives et rare est celui ou celle qui a deux fois l'opportunité de faire une première bonne impression. Vous devez donc savoir vous présenter et présenter votre travail de façon efficace et professionnelle.

Partant du principe que ce qui se conçoit bien s'exprime clairement, **préparez des réponses** concises aux grands types de questions susceptibles de vous être posées sur votre carrière, vos sources d'inspiration, votre technique, etc. Rien de pire que d'entendre un artiste vous dire : « *Vous présenter mon travail ? Ben, heu…* » Reportez-vous en page 44 pour travailler sur les sept questions clés qui définissent votre positionnement artistique.

Employer le « je »

Il est vrai qu'en tant qu'artiste, vous mettez souvent votre propre vie au cœur de votre art et que de ce fait, il n'est pas toujours évident de se découvrir en parlant de soi et de son travail. Mais cela s'apprend ! Tout stage de formation en techniques de communication vous l'enseignera : **l'usage du « je »** à la place du « on » constitue la meilleure façon de se mettre en valeur et d'exister.

Un point essentiel : montrez à votre public (du promeneur du dimanche au collectionneur, en passant par le client fidèle, l'amateur d'art, le galeriste ou le collectionneur) que **vous aimez ce que vous faites**. Lorsque vous expliquez votre travail, vos interlocuteurs doivent percevoir de la lumière dans vos yeux.

> **En pratique**
>
> ### Sus aux lunettes noires !
>
> Je connais un artiste-peintre qui remporte un franc succès auprès des touristes avec ses petites œuvres représentant des vues de Paris. Le hic : il se cache derrière des lunettes noires et ne sourit jamais. N'augmenterait-il pas ses chances de succès s'il faisait l'effort de regarder son public, d'expliquer son travail (car il a une technique tout à fait originale) et de sourire ?

Clarifier les messages

Votre communication orale doit être parfaitement claire, tant sur le fond des messages (préférez les messages synthétiques et impactants aux longs discours) que sur la forme (**ar-ti-cu-lez** !).

Et veillez à la **congruence** lorsque vous vous adressez au public. Être congruent, en termes de communication, c'est être authentique « à l'intérieur », ce qui doit se refléter en miroir dans votre attitude extérieure. C'est jouer sans fausses notes.

En pratique

Être congruent, mode d'emploi

Une personne congruente :

- ne fait pas la grimace quand elle annonce avoir vendu cinq œuvres lors de sa dernière exposition ;
- ne fronce pas les sourcils dans une situation qui prête à sourire.

Parler en public

Au cours de votre carrière artistique, vous serez peut-être amené à prendre également la **parole en public**, par exemple lors d'un vernissage dont vous serez l'organisateur. Là encore, vous devez jouer d'emblée les bonnes cartes ; préparez donc un discours accessible et synthétique, puis délivrez-le avec clarté, en gardant toujours un contact visuel avec votre auditoire.

Une communication orale confuse ou mal préparée peut vous décrédibiliser et entacher votre image. Il existe de nombreux ouvrages traitant de la prise de parole en public[1] ; n'hésitez pas à en lire quelques-uns !

La communication écrite

Elle n'est pas non plus à négliger. Il ne s'agit pas d'être un grand écrivain, mais il est nécessaire, par exemple, de savoir rédiger une lettre de façon claire et concise à un galeriste que vous aurez ciblé et que vous comptez démarcher afin qu'il expose vos œuvres.

---

1. Blein, B., *Prendre la parole en public*, Larousse, 2009 ; Levasseur, L. *50 exercices pour prendre la parole en public*, Eyrolles, 2009 ; Martin, J.-R., *Comment prendre la parole en public*, Demos, 2011.

Un exemple de lettre que vous pourrez adresser à une galerie

Éric M.
Allée des Platanes
17200 Royan

Royan
Galerie du Phare
À l'attention de Monsieur G.

Cher Monsieur G.,

Je connais votre Galerie par XXX (soit par l'intermédiaire d'autres artistes ayant déjà exposé en ce lieu, soit grâce à un article paru dans la presse, soit parce que vous êtes déjà allé à la rencontre de ce galeriste).

J'ai débuté ma carrière artistique xx (développer) et je souhaite aujourd'hui vous présenter mon travail (développer votre positionnement: courant, style, technique, thématiques, sources d'inspiration, etc.).

Vous trouverez ci-joint mon CV, ainsi que les photographies de mes œuvres majeures. Je vous invite à vous rendre sur mon site Internet (*www.xxxx.com*) afin d'avoir une vision complète de ce que je peux vous proposer. Si vous êtes intéressé, sachez que j'exposerai du xx au xx au salon des arts d'Angoulême. Nous pourrions nous y rencontrer à votre convenance.

Je suis joignable au xx ou par e-mail à l'adresse suivante: xx.

Vous remerciant par avance de l'attention que vous porterez à ma démarche et dans l'attente d'un retour je l'espère favorable de votre part,

Bien à vous,

Éric M.

PJ.: CV et photographies (indiquez au dos de chaque œuvre son titre, la technique utilisée, l'année de création et la place de votre signature).

De même, rien de tel que quelques lignes écrites de votre main pour vous rappeler aux bons souvenirs d'un client ou d'une personne qui a montré de l'intérêt pour votre travail. Je connais un artiste qui, bannissant toute communication Internet (même pour ses invitations de masse), fait de l'écrit un avantage concurrentiel différenciant par rapport à ses confrères. Il adresse ainsi très régulièrement à ses clients fidèles et prospects des invitations manuscrites et personnalisées respectant son identité graphique et visuelle (choix du papier, de l'enveloppe et du timbre, le tout en cohérence avec l'image qu'il souhaite véhiculer). Cette forme de communication repose sur un **marketing personnalisé** consistant à adapter une offre de produit ou de service à chaque client[1]. Attention, c'est une démarche très chronophage, dont le retour sur investissement n'est pas toujours justifié.

Vous devez donc maîtriser les règles fondamentales de la communication écrite : synthèse, syntaxe, *teasing* (message destiné à interpeller votre interlocuteur et à susciter son intérêt). Le style de votre écrit doit être enlevé et dynamique, pour éviter d'ennuyer rapidement votre interlocuteur. Vous pourrez toujours vous faire aider si l'écriture et l'orthographe ne sont pas votre fort…

---

1. *Le marketing selon Kotler, op. cit.*, p. 43.

Savoir n° 5

L'ANGLAIS

Si je vous disais que René, qui exposait dans les jardins de Notre-Dame, a failli rater une vente simplement parce qu'à 18 heures, lorsqu'un couple de touristes américains intéressé par ses œuvres lui a demandé le prix de quelques-unes d'entre elles, ce dernier n'a été en mesure ni de leur dire bonjour, ni même de répondre à leur question ! De là à négocier ensuite avec eux les conditions d'acheminement de ses œuvres…

Si vous ne parlez pas du tout anglais, apprenez le vocabulaire de base qui vous permettra ne serait-ce que de vous présenter et de pouvoir indiquer le prix de vos œuvres. Renseignez-vous sur les équivalences entre l'euro et les grandes monnaies internationales. Et tenez-vous au courant du cours du dollar !

Si vous maîtrisez les bases de la langue anglaise, soyez en mesure de présenter votre positionnement artistique en employant le vocabulaire approprié. Préparez-vous (quitte à apprendre par cœur votre discours) à répondre aux questions suivantes, qui font partie des éléments constitutifs de votre positionnement artistique :

- quels courants artistiques vous ont influencé ?
- quelles sont vos sources d'inspiration ?
- quel est votre parcours artistique ?
- quelles sont vos thématiques favorites ? Pourquoi ?

- comment a évolué votre travail au cours de votre carrière artistique ?

- quels matériaux utilisez-vous ? En quoi votre technique est-elle originale ?

- quelles sont les principales manifestations auxquelles vous avez participé ? Y avez-vous reçu des distinctions particulières ?

- êtes-vous coté ?

Du prix au CV

Sachez négocier un prix, argumenter sur une objection et, si besoin, envisager avec un client les modalités d'acheminement d'une œuvre à l'étranger (renseignez-vous sur les frais de transport, les conditions et délais de livraison).

Rédiger un CV et un *book* en anglais n'a de sens que si vous vous adressez à une clientèle internationale. Je trouve personnellement peu adapté et plutôt pompeux ce genre de communication pour un public locorégional.

L'outil incontournable pour une carrière internationale

Il va sans dire que l'anglais vous sera indispensable si vous envisagez une carrière artistique en dehors de nos frontières. Les marchés européens (Europe de l'Est, Europe centrale) et internationaux (États-Unis, Asie) offrent aujourd'hui de formidables débouchés pour les artistes émergents, qui, lorsqu'ils parviennent à les pénétrer, en font un avantage différenciant fort par rapport à leurs confrères qui se contentent de cibler leur région ou leur pays d'origine. Ce n'est pas un hasard si les grandes Écoles d'art demandent à leurs étudiants de parler parfaitement anglais et si, comme le commente Henry-Claude Cousseau, directeur de l'École Nationale Supérieure des Beaux-arts de Paris, « *chaque année, selon leurs vœux et l'adéquation de leur projet, plus d'une cinquantaine d'étudiants est envoyée à l'étranger*[1] ». Là encore, tout dépend de vos objectifs…

---

1. In *Artension*, hors-série n° 5, janvier 2011.

Savoir n° 6

LA GESTION DE PROJET

Pilotage P1

À première vue, la construction d'un pont, le lancement d'un nouveau produit ou la mise aux normes des dispositifs de sécurité au sein d'une copropriété n'ont rien de commun avec la préparation d'une manifestation artistique. Et pourtant, bien que s'agissant de domaines d'activités différents, il s'agit dans tous les cas de projets qu'il est possible de mener à bien grâce à une technique appelée « gestion de projet ».

Elle vise à organiser de bout en bout le bon déroulement d'un projet, c'est-à-dire d'un ensemble d'actions mises en œuvre dans le but de répondre à un objectif défini, dans des délais fixés et dans la limite d'une enveloppe budgétaire allouée. Les résultats attendus du projet en question sont appelés « délivrables ».

La conduite d'un projet mobilise des moyens humains, matériels et financiers.

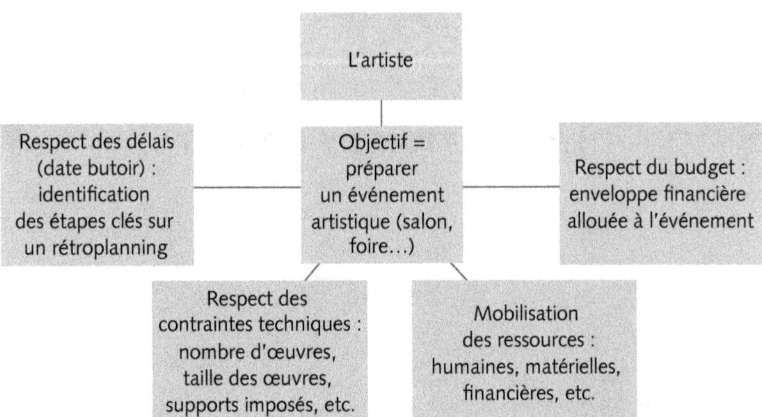

■**Exemple de la gestion de projet appliquée au domaine artistique**

Ainsi, si l'on prend pour exemple de projet la participation à une manifestation artistique (qui constitue en soi un projet pour lequel vous êtes en général bien rodé), l'artiste doit, dans le respect des délais requis, des contraintes techniques imposées et des ressources matérielles et budgétaires fixées :

- se constituer un stock suffisant d'œuvres susceptibles d'être exposées ;
- définir et mettre en œuvre un plan de communication autour de l'événement ;
- inviter ses clients fidèles et prospects ;
- préparer la logistique afférente ;
- évaluer le ROI de l'opération (quantitativement et qualitativement) ;
- intégrer les données chiffrées générées (chiffre d'affaires, dépenses ventilées, taux de marge) dans ses tableaux de bord ;
- assurer le suivi de l'événement auprès de ses clients.

Toutes ces opérations constituent des délivrables.

Organisation et rigueur sont les maîtres mots d'une gestion de projet réussie, l'objectif final étant de tenir ses engagements par rapport à l'ensemble des contraintes définies, notamment en termes de respect des délais. À quoi servirait votre participation à un événement si, par exemple, vous n'avez pas eu le temps d'élaborer, puis de diffuser vos cartons d'invitation dans les délais impartis ?

La « *to do list* » précédant chaque exposition semble incontournable : véritable pense-bête, elle vous permet une exécution systématique des opérations récurrentes à mener avant chaque manifestation.

L'organisation du temps

La gestion de projet est indissociable de la gestion de votre temps. Il n'est en effet pas rare d'avoir l'opportunité de participer sur une même période à un salon en province, à une foire d'art dans la capitale et de devoir simultanément présenter ses œuvres à un collectionneur qui vous en fait la demande. Pour mener à bien toutes ces échéances, sans pour autant perdre de vue la gestion de votre CRM, le suivi de votre comptabilité, la confection de vos nouvelles cartes de visite ou encore les relances auprès de vos prospects, vous allez devoir vous astreindre à une gestion rigoureuse de votre temps, qui vous permettra de garantir tous vos délivrables.

Je vous suggère de **classer les activités** qui découlent de tous ces objectifs de court ou moyen terme selon deux axes principaux :

- leur **degré d'urgence** (les tâches urgentes requièrent une attention et une action immédiates ; ce sont souvent des obligations de court terme) ;

- leur **degré d'importance** (les activités importantes contribuent en général à la réalisation de vos objectifs stratégiques de moyen/long terme).

Un écueil consisterait à se laisser distraire par les urgences, au risque de perdre de vue les activités qui contribuent à notre réussite. Par exemple, si en pleine préparation d'un vernissage pour lequel vous avez mis en place une conférence de presse, vous vous apercevez que vous devez renouveler sous deux jours l'abonnement à votre *blog* et que vous avez omis de livrer un client qui vous a acheté une sculpture, posez-vous avant tout la question de savoir **laquelle de ces actions vous sera la plus profitable et vous permettra d'atteindre vos objectifs de long terme.**

<table>
<tr><td rowspan="2">– Degré d'importance +</td><td>

- Définition du plan stratégique et opérationnel/Définition du positionnement
- Planification de l'activité
- Recherche de nouvelles sources de croissance
- Gestion du CRM/Recherche de moyens de fidélisation des clients
- Gestion de la comptabilité et suivi de l'activité
- Recherche de nouvelles thématiques artistiques
- Approfondissement des compétences pour devenir un artiste entrepreneur
- Etc.

</td><td>

- Grands projets avec échéances à respecter
- Gestion des situations de crise
- Etc.

</td></tr>
<tr><td>

- Traitement du courrier
- Appels téléphoniques sans valeur ajoutée
- Activités futiles
- Etc.

</td><td>

- Problèmes/sujets à régler rapidement
- Appels téléphoniques
- Réponses aux e-mails
- Achat de matériel manquant
- Renouvellement des abonnements Internet
- Etc.

</td></tr>
<tr><td></td><td colspan="2" align="center">– Degré d'urgence +</td></tr>
</table>

■ **La classification de vos principales activités artistiques**

À la lecture de ce tableau, vous vous rendez vite compte que le dernier maître mot d'une gestion de projet efficace est **l'anticipation**. C'est en effet le meilleur moyen de ne pas se laisser happer par les urgences, et de faire en sorte de réduire le degré d'urgence de chacune de vos activités. Pour ce faire, construisez un rétroplanning (reportez-vous en page 77).

Alors, vous vous apercevrez que la meilleure façon de consacrer suffisamment de temps à vos activités « importantes/pas urgentes » et d'y travailler de façon proactive (car ce sont celles qui vous guident vers vos objectifs de moyen/long terme), consiste à **réduire le temps passé aux activités « pas importantes »**, **qu'elles soient ou non urgentes.**

Le respect des engagements

Gérer un projet, quelle que soit sa nature, signifie s'engager sur des délivrables auprès de clients ou de partenaires. Il n'y a rien de pire pour votre image que de ne pas tenir vos promesses. Dire « Oui » à un projet (commande d'œuvre, exposition, conférence de presse, etc.) que vous n'êtes pas sûr de pouvoir tenir à cent pour cent (par manque de temps ou de ressources financières par exemple) risque fort de vous décrédibiliser et vos clients ne vous feront certainement plus confiance pour d'autres projets à venir. Ainsi, il serait inutile de vouloir à tout prix organiser une conférence de presse si vous n'avez pas eu le temps d'en étoffer le contenu. De même, il serait vain de vous engager à participer à un salon qui nécessite d'exposer des œuvres imposantes si, faute de temps, vous n'êtes en mesure de présenter que des œuvres de petit format qui n'y trouveront pas leur place.

Là encore, le meilleur moyen d'éviter que des événements soudains et imprévus vous empêchent de tenir vos promesses est d'identifier en amont toutes les variables imaginables qui gravitent autour d'un projet et d'en anticiper les impacts. Et si, malgré vos efforts d'anticipation, l'imprévu parvient à brouiller vos projets, expliquez de façon transparente à vos interlocuteurs pourquoi il vous sera impossible de garantir vos délivrables et reportez-les à une date ultérieure clairement définie.

Savoir n° 7

LES CHIFFRES

Pilotage P2

L'artiste entrepreneur sera contraint, quel que soit son niveau d'expérience, de mettre en place un suivi efficace qui « *repose sur le principe de la navigation et du contrôle de la trajectoire par rapport au cap [...] fixé[1]* ». Les chiffres sont un passage obligé pour un pilotage réussi.

Encore une fois, l'objectif n'est pas de vous transformer en mathématicien ou en expert des chiffres, mais d'être simplement à l'aise avec ces derniers : savoir par exemple faire une « règle de 3 », calculer un pourcentage ou encore construire un compte de résultat permettant une bonne gestion budgétaire.

La règle de 3

Elle s'avère bien pratique pour fixer le prix de vos œuvres de manière relative, par exemple. Ainsi, si vous avez établi qu'une toile A (œuvre qui vous sert de référence) de format 100 × 80 cm coûte 1 200 euros, à combien allez-vous valoriser une toile B de format 80 × 60 cm ? Appelons « p » cette inconnue.

---

1. *Le marketing selon Kotler, op. cit.*, p. 47.

Le calcul est simple :

Poser l'équation	Toile A : **8000** (100 × 80, soit longueur × largeur) **= 1200 €** Toile B : **4800** (80 × 60, soit longueur × largeur) **= p €**
Effectuer le calcul	8000 = 1200 4800 = p
Résoudre l'équation	8000 × p = 1200 × 4800 8000 × p = 5760000 p = 5760000/8000 **p = 720 €** Vous fixerez le prix de la toile B à 720 €.

Autre exemple : si l'an dernier, année où vous avez atteint votre rythme de croisière, x euros de dépenses vous ont permis de générer y euros de chiffre d'affaires, combien allez-vous devoir investir cette année si vous avez pour objectif de faire croître votre chiffre d'affaires de z % ?

Le pourcentage

Il vous permettra par exemple de calculer l'évolution de vos ventes d'un mois sur l'autre. Un pourcentage se calcule toujours de la façon suivante :

[(valeur finale – valeur initiale)/ valeur initiale] × 100

En pratique

Exemple de calcul d'un pourcentage

	Ventes de janvier	Ventes de février
	1300 euros	1500 euros
% d'évolution entre janvier et février		[(1500-1300) / 1300] × 100 = + 15,38 %

Le calcul du pourcentage d'évolution des ventes ou des dépenses d'une période sur l'autre est encore plus intéressant. Prenons ici pour exemple l'activité d'un artiste débutant sa carrière artistique, qui souhaiterait calculer ses évolutions par trimestre (T) :

	T1 2013	T2 2013	T3 2013	T4 2013	T1 2014	T2 2014	T3 2014	T4 2014
Commandes	220	140	650	500	1070	1200	0	120
Expositions	620	0	1770	0	880	0	1950	300
CA total	**840**	**140**	**2420**	**500**	**1950**	**1200**	**1950**	**420**
CA cumulé	840	980	3400	3900	5850	7050	9000	9420
% de croissance (évolution par trimestre)		17 %	247 %	15 %	50 %	21 %	28 %	5 %
% de croissance (évolution par rapport à la même période de l'année précédente)					132 %	757 %	– 19 %	– 16 %
CA = chiffre d'affaires								

Outre l'enregistrement des chiffres de vente et le calcul des évolutions, l'artiste doit **analyser ses chiffres.** Pourquoi enregistre-t-il une telle évolution entre le deuxième trimestre 2013 et le deuxième trimestre 2014 ? A-t-il mené une politique de relation clients plus offensive qui l'a conduit à développer ses commandes ? Qui sont les clients qui se sont engagés dans la démarche d'achat ? Quelles actions mises en œuvre ont été les plus impactantes ? Quelles sont celles qui ont obtenu le meilleur retour sur investissement ?

Le compte de résultat

Le compte de résultat vous permet de **piloter votre activité**.

Il explique la formation du résultat, l'origine du bénéfice ou explique la perte réalisée au cours d'un exercice (une année en général).

> Résultat = produits[1] (ventes ou CA) – charges (consommations ou dépenses)
>
> au cours de la période considérée

Le compte de résultat se présente sous la forme d'un tableau regroupant d'une part votre chiffre d'affaires (nombre de ventes × le prix de vente de chacune d'elle) et d'autre part l'ensemble de vos dépenses. En fin de période, on totalise les produits et les charges, de façon à mettre en évidence le bénéfice de la période si les produits sont supérieurs aux charges ou à la perte dans le cas contraire.

On pourrait calculer le résultat de façon continue après chaque opération, mais ce serait un travail trop lourd pour l'utilité que l'artiste en retirerait. Il ne faut pas non plus choisir une période trop longue pour calculer le résultat, parce qu'il est nécessaire de bien connaître sa situation comptable pour prendre les décisions qui s'imposent à court ou moyen terme.

Il sera également intéressant de projeter votre activité sur le moyen terme, en établissant un **compte de résultat prévisionnel** sur les trois années à venir : quelles recettes prévoyez-vous d'enregistrer ? Quel montant de dépenses envisagez-vous ? Cet état prévisionnel sera ajustable en

---

1. Les produits, ou recettes, regroupent non seulement la vente de vos œuvres, mais également, selon les cas, vos droits d'auteur versés par des tiers, les bourses artistiques, les allocations de recherche, certains prix ou récompenses, subventions, etc.

fonction du « réalisé », soit au mois le mois, soit par trimestre.

Vos gros postes de dépenses seront sans doute constitués de vos frais de publicité et de promotion (les frais de participation aux manifestations sont souvent très élevés ; à Paris, il n'est pas rare de dépenser plus de 1 000 euros pour une exposition qui ne dure qu'une petite semaine), de déplacements et d'acheminement de vos œuvres et, selon les cas, du loyer de votre atelier.

Charges (dépenses)	Produits (recettes)
Charges d'exploitation : Matériel consommable Fournitures non consommables (eau, électricité, téléphone, loyer – avec assurance) Dépenses de publicité et promotion[2] : – Honoraires des prestataires (réalisation d'un site Internet, confection de supports promotionnels, etc.) – Frais postaux – Frais d'inscription aux manifestations – Frais de déplacement (kms, hôtels, transport des œuvres, etc.)	**Produits d'exploitation :** Chiffre d'affaires Droits d'auteur Subventions Bourses
Charges financières : Impôts Taxes	**Produits financiers :** Intérêts capitalisés
Bénéfice (total produits – total charges > 0)	Perte (total produits – total charges < 0)
Total charges =	**Total produits**

■ **Les grands postes du compte de résultat[1]**

---

1. D'après Pileverdier-Latreyte, J., *Finance d'entreprise*, Économica, 2005, p. 93-94.

2. Les dépenses de publicité et promotion (ou *A&P* en anglais : *advertising and promotion-*) constituent généralement le plus gros poste de dépenses pour les activités artistiques et, à ce titre, elles doivent faire l'objet d'une analyse fine en termes de retour sur investissement.

	T1 2013	T2 2013	T3 2013	T4 2013	T1 2014	T2 2014	T3 2014	T4 2014	T1 2015
Produits									
CA Expositions	620	0	1 760	0	880	0	1 950	300	0
CA commandes	220	140	660	500	1 070	1 200	0	120	500
Total produits	**840**	**140**	**2 420**	**500**	**1 950**	**1 200**	**1 950**	**420**	**500**
CA total annuel				3 900				5 520	
CA cumulé	840	980	3 400	3 900	5 850	7 050	9 000	9 420	9 920
Charges matières consommables									
Chassis				250				300	
Peinture				100				70	
Vernis, médiums				80				150	
Emballage				30				0	
Papiers				18				0	
Fournitures									
Pinceaux				35				0	
Produits d'entretien				15				15	
Luminaires d'exposition				0				0	
Matériel d'accrochage				7				30	
Fournitures non consommables									
Eau				NS				NS	
Électricité				500				450	
Téléphone				240				180	

	T1 2013	T2 2013	T3 2013	T4 2013	T1 2014	T2 2014	T3 2014	T4 2014	T1 2015
Charges de publicité & promotion									
Enveloppes				25				0	
Timbres				70				12	
Site Internet				240				240	
Blog				70				70	
Frais d'exposition				1000				800	
Relation média				0				0	
Frais de déplacement				200				60	
Carte de visite				20				20	
Book				1300				300	
Frais de réception				140				140	
Adhésion aux associations				50				50	
Total charges				4490				2887	
Bénéfice ou perte				−590				2633	
Frais de marge annuel				−15 %				48 %	

■ **Exemple d'un compte de résultat**

Il est temps à présent de vous livrer à une **analyse budgétaire** en répondant aux questions suivantes : où et quand avez-vous beaucoup dépensé cette année ? Cela a-t-il été rentable ? Est-il utile de renouveler votre participation à ce salon ? Si votre matériel vous coûte un cinquième de votre budget prévisionnel, par exemple, pouvez-vous envisager de vous fournir ailleurs ou de changer certains matériels ? Pensez-vous que vos ventes auraient doublé si votre budget promotionnel avait lui aussi été multiplié par deux ?

Règle d'or n° 3

> ### *Ayez le réflexe «ROI»!*
>
> Le **retour sur investissement** doit être au cœur de l'analyse de vos dépenses.
>
> Quels sont vos gros postes de dépenses? Comment ont-ils évolué par rapport à l'année précédente? Pourquoi? Quels sont ceux que vous pouvez réduire sans nuire à la qualité de votre travail et de votre promotion?
>
> **Toute action que vous allez engager ou que vous avez engagée est à évaluer en fonction du ROI estimé:** combien vous coûte telle action? Que peut-elle vous apporter, tant sur un plan quantitatif que qualitatif?
>
> Quelle que soit l'opération dont il est question, gardez en mémoire l'équation suivante:
>
> $$\Pi = (P \times Q) - (C \times Q)$$
>
> Π = rentabilité ou profit   P = prix
> Q = quantité d'œuvres vendues   C = coût unitaire
>
> Cette équation nous montre que le profit est directement fonction du prix de vente pratiqué. Toutefois, cette relation est beaucoup plus complexe, car le prix influence aussi la quantité vendue; il en est de même pour le coût unitaire: une partie provient de frais variables et l'autre de frais fixes, répartis sur les quantités vendues. Les charges fixes constituent donc un élément plus ou moins important du coût unitaire en fonction des quantités vendues et donc du prix.

C'est une évidence: les deuxième et troisième règles d'or de l'artiste entrepreneur sont étroitement liées. En effet, avant de vous engager dans de grosses dépenses (stand, cartes de visite plastifiées en quadrichromie, participation à des événements artistiques onéreux, etc.), non seulement vous devez évaluer de la façon la plus précise possible vos besoins (en qualité et en quantité), mais là encore, je vous recommande vivement de **tester** votre concept ou votre produit avant de vous engager dans des actions coûteuses dont le ROI est nul et qui pourraient minorer votre profit.

Lancez donc des **opérations pilote**. Par exemple, préférez dans un premier temps une campagne de marketing direct avec un envoi de *newsletters* sur un secteur géographique bien délimité avant de vous engager dans une action d'envergure nationale.

Savoir n° 8

EXCEL

Pilotage P2

Outre le fait qu'Excel soit un puissant outil de calcul, il doit surtout vous servir à enregistrer vos ventes, vos dépenses et à élaborer de superbes graphiques qui indiqueront la tendance de vos évolutions. C'est donc un formidable outil de pilotage de votre activité.

Si vos objectifs quantitatifs ne sont pas atteints, il vous faudra rapidement envisager (après une phase de test, bien sûr) des actions concrètes en vue de faire évoluer vos tactiques, votre ciblage ou éventuellement votre stratégie.

Reprenons notre exemple précédent. L'activité de cet artiste débutant s'enregistre de la façon suivante dans le logiciel Excel :

	T1 2013	T2 2013	T3 2013	T4 2013	T1 2014	T2 2014	T3 2014	T4 2014	T1 2015
Commandes	220	140	650	500	1070	1200	0	120	500
Expositions	620	0	1770	0	880	0	1950	300	0
CA total	**840**	**140**	**2420**	**500**	**1950**	**1200**	**1950**	**420**	**500**
CA cumulé	840	980	3400	3900	5850	7050	9000	9420	9920

Il suffit ensuite de convertir ce tableau en graphique en y faisant figurer les événements pouvant justifier ces résultats :

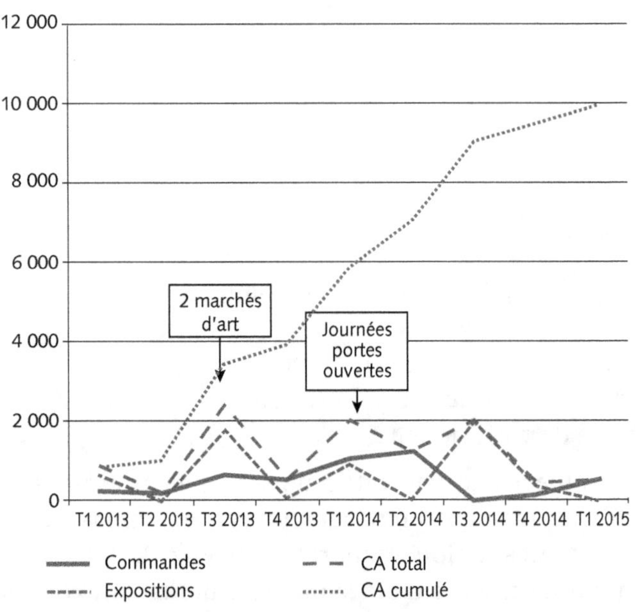

Étudiez l'évolution des courbes ainsi tracées et livrez-vous ensuite à **une analyse fine afin d'expliquer ces tendances.**

Sur le graphique ci-dessus, comment expliquez-vous notamment l'évolution croissante des commandes entre le deuxième trimestre (T2) 2013 et le deuxième trimestre 2014 ? Outre la journée portes ouvertes à l'issue de laquelle les prospects qui ont pu apprécier votre travail vous ont passé commande, quelles autres actions avez-vous initiées entre mi-2013 et mi-2014 ?

Les deux marchés d'art organisés en T3 2013 ont semble-t-il porté leurs fruits ; identifiez-vous encore des améliorations possibles afin d'accroître le chiffre d'affaires généré lors de vos prochaines manifestations ?

Attention au premier trimestre 2015 : le chiffre d'affaires global enregistré se trouve en deçà de vos attentes. La pente de la courbe de chiffre d'affaires cumulé est moins accentuée et a tendance à s'aplanir, ce qui signifie que votre croissance sur les deux derniers trimestres est moins rapide. Pourquoi ? Comment comptez-vous redresser la situation ?

Répondez d'abord à ces questions. Puis, dans un second temps, vous pourrez mettre en œuvre un plan d'action opérationnel adapté à la situation.

Savoir n° 9

ET LA TECHNIQUE DANS TOUT ÇA ?

Tous artistes

Après la lecture de ces deux premières parties, vous êtes peut-être surpris, voire choqué, de n'avoir pas encore traité ce qui constitue pourtant pour vous le cœur de votre métier : la création, qui prend forme dans l'œuvre par le recours à une technique artistique.

Il est vrai que jusqu'à présent, il n'a été question dans les pages que vous venez de lire que de savoir-faire marketing et commercial, de gestion et de savoirs qui, *a priori*, n'ont rien à voir avec votre activité artistique telle que vous la concevez au quotidien. **C'est pourtant autour de ces compétences que l'artiste entrepreneur désirant promouvoir efficacement son travail devra construire.** Force est de constater que la technique est certes importante, mais pas (au grand dam de certains) une condition *sine qua non* à la réussite.

Les artistes eux-mêmes ne parviennent pas à un consensus sur la question. L'artiste « technicien » considère que seule une bonne technique témoigne d'un vrai talent artistique. L'artiste « émotionnel », lui, estime que ce sont les émotions qui priment sur tout le reste.

Au-delà de ces avis divergents, on peut constater que « *devant l'élargissement de la notion d'art, l'homme ordinaire, celui qui n'est pas doté de dons particuliers, se sent aujourd'hui capable de produire quelque chose de visuellement [...] intéressant[1] »* et de créer des œuvres esthétiquement exploitables. Aussi louable soit-elle, cette démarche visant à produire de jolies œuvres agréables à l'œil relève d'une démarche orientée le plus souvent vers la production d'œuvres décoratives.

En ne s'attachant qu'à la partie visible de l'iceberg, certains pourraient même se penser dignes successeurs du peintre russe Kazimir Malévitch, estimant qu'il est à la portée de tous de peindre un « carré blanc sur fond blanc » !

Il est vrai qu'au vu des résultats du travail de certains (jugez-en par vous-même en vous promenant au prochain marché d'art contemporain organisé dans votre région), on pourrait presque se demander, comme nous incite d'ailleurs à le faire à juste titre Isabelle de Maison Rouge dans son ouvrage *L'art contemporain*, s'il est encore utile de savoir dessiner ou peindre et encore mieux, si tout le monde ne peut finalement pas se proclamer artiste (encore faudrait-il ensuite le prouver et être reconnu comme tel !)[2].

N'ayez donc aucun complexe ! Ne vous souciez pas de savoir si vous êtes ou non coté et si vous avez ou non fait l'École des beaux-arts ! Comme le note une nouvelle fois Isabelle de Maison Rouge dans son ouvrage *Salut l'artiste*, *« aujourd'hui, les écoles des beaux-arts ou les écoles privées ne préparent pas forcément à être artiste[3] ».*

D'ailleurs, aucun diplôme n'étant requis pour le devenir, beaucoup d'entre vous n'hésitent pas à clamer haut et fort qu'ils sont autodidactes.

Comme dans tout métier, je suis intimement convaincue que peu importe d'où l'on vient, peu importent les diplômes obtenus, peu importe que l'on soit coté ou non (avoir une cote en début de carrière n'a d'ailleurs pas beaucoup de

---

1. *L'art contemporain*, op. cit., p. 35.
2. *Ibid.*
3. *Salut l'artiste*, op. cit., p. 47.

sens) : c'est le travail présenté qui compte, ainsi que la motivation de l'artiste. Après tout, « *il n'y a pas de règle pour produire de la beauté pas plus que pour la juger*[1] ». La valeur d'une œuvre ne réside-t-elle pas avant tout dans le plaisir de celui qui la regarde ?

Tous acheteurs

Au final, retenez que **l'acheteur est seul juge de votre travail.** Et l'œil de l'acheteur n'est pas forcément celui des experts artistiques ! Ainsi, un client peut apprécier chez vous votre technique irréprochable ou bien l'extrême originalité de vos œuvres ; mais êtes-vous sûrs que ce soient ces mêmes critères qui soient pris en compte par les experts ?

Dites-vous bien que **toute œuvre d'art peut à un moment donné rencontrer acheteur.** L'essentiel est de trouver son propre style (la « patte » de l'artiste) et de créer des œuvres qui plaisent.

Comme nous l'avons vu plus haut, tout travail ne peut pas plaire à tout le monde, et fort heureusement ! Il est d'ailleurs préférable d'avoir un travail que seules certaines personnes trouvent génial plutôt qu'un travail que tout le monde considère comme satisfaisant. C'est en effet dans le premier cas que vous pourrez marquer une différence réelle ou perçue par rapport à vos « concurrents ». Tout le monde n'apprécie pas le Coca-Cola ! Et pourtant…

Vos œuvres créées, il vous faudra élaborer, puis mettre en œuvre les bons outils de communication et de distribution pour promouvoir au mieux votre travail et en faciliter la vente. Sur un marché de l'art où **la qualité d'une œuvre n'est pas tant définie par ses caractéristiques que par la façon dont elle est diffusée,** la démarche entrepreneuriale

---

1. *L'art, op. cit.*, p. 17.

prend en effet tout son sens. Comme le décrivent Nathalie Moureau et Dominique Sagot-Duvauroux dans leur ouvrage *Le marché de l'art contemporain*, le marché serait aujourd'hui sous-tendu par une logique de "noms d'artistes", la qualité d'une œuvre étant avant tout reconnue par la notoriété de l'artiste qui l'a créée et par les lieux de diffusion dans laquelle elle est présentée[1].

Il n'est bien sûr pas question de bâcler votre travail pour autant, car il va de soi qu'une « *qualité déficiente est synonyme de mauvaises affaires*[2] ».

La lecture des deux premières parties de cet ouvrage vous aura familiarisé avec les compétences techniques à acquérir ou à approfondir si, demain, vous décidez de devenir de vrais artistes entrepreneurs. Le dernier point que nous allons étudier tient au savoir-être, troisième facteur clé de succès. En effet, je me suis maintes fois aperçue que les artistes qui parvenaient à capter l'intérêt des curieux, à échanger aisément avec des prospects ou encore à orienter favorablement un achat, présentaient des comportements bien identifiés.

Et c'est ce qui fait toute la différence !

---

1. *Op. cit.*, p. 7, 18.
2. *Le marketing selon Kotler, op. cit.*, p. 17.

Partie III
LES SAVOIR-ÊTRE

La notion de « savoir-être » renvoie aux attitudes et comportements qu'un individu adopte pour s'adapter à un milieu. Les savoir-être touchent à la personnalité, à la structure d'esprit, à la manière de faire les choses et à la qualité de relation avec les autres. En ce sens, ce sont les compétences les plus difficilement modifiables chez un individu. Mais tout se travaille !

Les *a priori* sur les savoir-être inhérents à la vie d'artiste sont nombreux. Il est en effet communément admis que les artistes ont une image bien définie, qui les distinguerait des « non-artistes », tant aux yeux du grand public que de leurs pairs.

En pratique

Principales idées reçues sur les comportements et attitudes des artistes

L'attitude première de l'artiste serait de se considérer et d'être considéré comme différent, tout simplement parce qu'artiste. Cet être différent serait ainsi perçu comme quelqu'un d' :

- excentrique, en ce sens qu'il sortirait du cercle de ce qui est communément considéré comme « normal » ;
- arrogant, car il se distinguerait des autres en exagérant l'importance qu'il s'accorde ;
- émotionnellement instable, réagissant avec un affect démesuré ;
- économiquement désintéressé, ne pratiquant que « l'art pour l'art ».

Il se sentirait :

- incompris, personne ne comprenant ni son art, ni son talent ;
- rejeté, dévalorisé, voire ignoré ;
- en insécurité permanente, rongé par le doute ;
- cantonné à une vie de « bohème ».

Plutôt que d'entrer dans des discussions visant à justifier du bien-fondé ou non de ces stéréotypes, attachons-nous plutôt à définir ici quelques attitudes et comportements loin d'être toujours acquis, et qui, pourtant, conditionnent la réussite de celles et ceux qui envisagent de se lancer dans une activité artistique entrepreneuriale.

Savoir-être n° 1

ADOPTER UNE POSITION DE GAGNANT

Je porte de longue date un intérêt tout particulier à l'analyse transactionnelle (ou AT, pour les initiés), qui m'a apporté de précieux éclairages dans les mécanismes régissant les relations interpersonnelles, tant au niveau personnel qu'en milieu professionnel (et notamment dans les situations de management). Il s'agit d'une « *théorie complète de la personnalité. En partant principalement des comportements observables des hommes (actes, paroles, langage corporel, etc.), [elle est] complémentaire aux approches psychologiques plus traditionnelles[1]* ».

Les positions de vie

J'aimerais ici vous faire partager un des concepts de base de l'analyse transactionnelle : les positions de vie[2]. Cette notion renvoie aux questions suivantes : quelle image avez-vous de vous-même et des autres ? En d'autres termes, et selon le langage emprunté à l'analyse transactionnelle, « êtes-vous OK » avec vous-même ? « Êtes-vous OK » avec les autres ?

---

1. Cardon, A., Lenhardt, V., Nicolas, P., *Mieux vivre avec l'Analyse Transactionnelle*, Eyrolles, 2005, p. 11.
2. D'après James, M., Jongeward, D., *Naître gagnant*, InterÉditions, 2000, p. 39.

Il ne fait aucun doute que l'artiste entrepreneur répondra par l'affirmative à ces deux questions. Il fera partie de ce que Rafael de Garay nomme la « *catégorie des gagnants*[1] ». Les positions psychologiques ou « positions de vie » peuvent être regroupées en quatre ensembles :

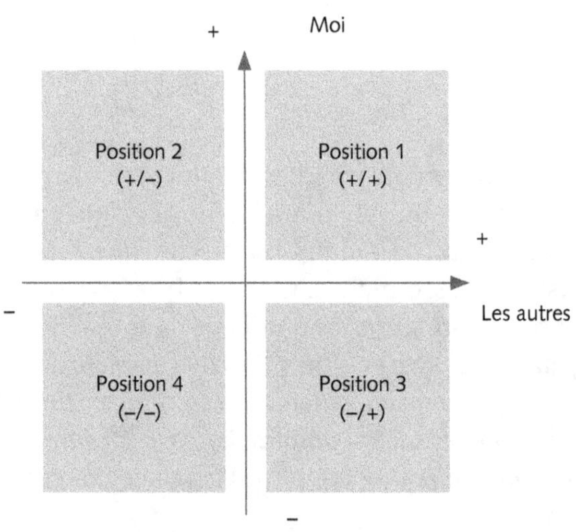

■ **Positions de vie selon le modèle de l'analyse transactionnelle**

Position 1 : Je suis OK, vous êtes OK (+/+) : attitude de coopération. C'est la relation idéale selon l'analyse transactionnelle.

Position 2 : Je suis OK, vous n'êtes pas OK (+/−) : attitude de domination (mépris, supériorité envers les autres).

Position 3 : Je ne suis pas OK, vous êtes OK (−/+) : attitude de retrait (soumission, sentiment d'infériorité).

Position 4 : Je ne suis pas OK, vous n'êtes pas OK (−/−) : attitude de renoncement.

Illustrons à présent ces « positions de vie », en y insérant quelques paroles d'artistes dont il ne fait aucun doute, à

____

1. *Art et marketing* , *op. cit.*, p. 64.

l'instar des citations mentionnées en introduction de cet ouvrage, qu'elles n'émanent pas non plus d'artistes gagnants…

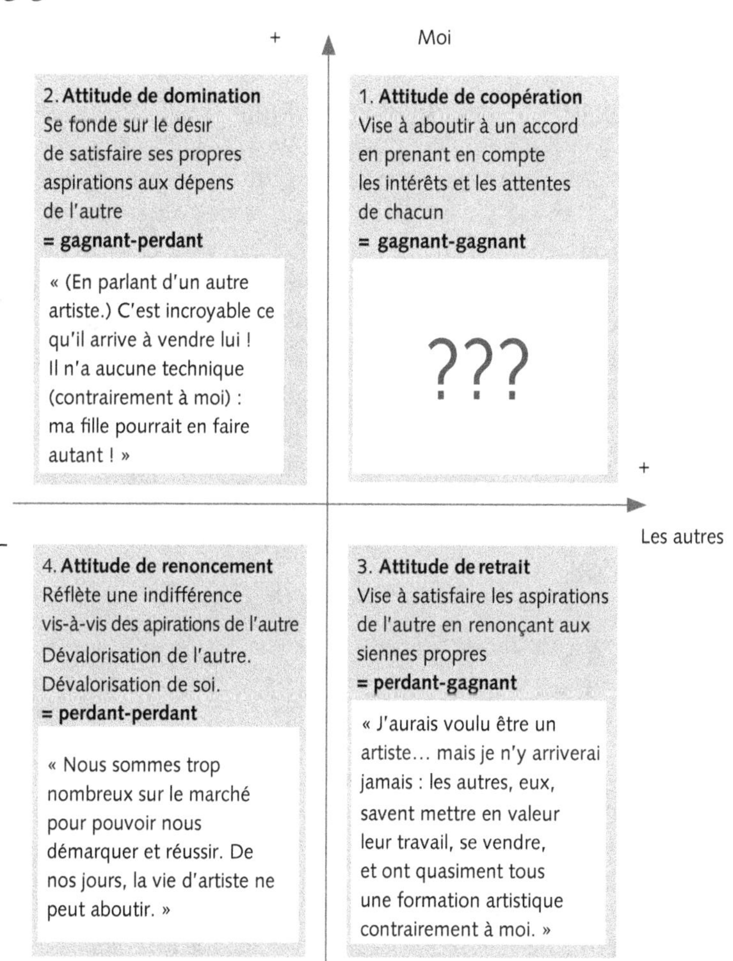

Que nous dirait l'artiste « gagnant » ? Il pourrait tout simplement nous dire : *« Ma vie d'artiste vaut la peine d'être vécue. »*

Au fond, aujourd'hui, je doute que ces artistes qui adoptent la position « Je suis OK, vous êtes OK » soient nombreux. Pour vous faire votre propre opinion sur le sujet, je vous suggère de vous livrer à l'exercice suivant: lors d'une journée d'exposition, essayez de repérer le nombre de fois où vous entendez ou vous vous surprenez à prononcer vous-même les paroles suivantes: « *Je ne peux pas…* », « *Il faudrait que…* », « *Oui, mais* » ou encore « *Si seulement…* ».

Ne nous leurrons pas: nous ne sommes que très rarement « *gagnants à cent pour cent ou perdants à cent pour cent*[1] ». Les gagnants sont ceux qui se connaissent bien, qui ont défini leurs buts dans la vie et qui se sont fixé des objectifs clairs. Comme tout un chacun, ils peuvent connaître des moments de doute et essuyer des échecs ; mais ils acceptent volontiers de se remettre en question, car ils ont une confiance en soi absolue. Lors d'une exposition, s'ils sont abreuvés de paroles nocives (et on sait à quel point les lieux d'exposition sont propices aux rumeurs et critiques), ils sauront prendre suffisamment de recul pour ne pas être touchés par les préjugés et en tirer leurs propres conclusions. Les gagnants ne rejettent la faute ni sur un environnement peu porteur, ni sur les autres.

> **En pratique**
>
> ### Jamais un gagnant ne dira…
>
> … comme ceux qui pointent d'un doigt accusateur l'environnement : « *C'est la crise* » ou « *Le mauvais temps ne nous a pas aidés* », etc.
>
> … comme ceux qui rejettent la faute sur les autres : « *Ceux qui surfent sur les nouvelles tendances cannibalisent le marché ; ils sont trop nombreux !* », « *Là, il n'y a aucune technique !… C'est triste à dire, c'est ce qui marche aujourd'hui…* », etc.

Sachez que l'un des grands principes de communication enseigné par le marketing est que **lorsque vous parlez des**

---

1. *Naître gagnant, op. cit.*, p. 1.

autres, en « plus » comme en « moins », **vous leur faites quoi qu'il arrive de la publicité.** Alors concentrez-vous sur vous, sur votre image, sur votre positionnement et plutôt que d'entrer dans la comparaison avec autrui, misez sur la différence ! Nous l'avons vu, la différenciation est la pierre angulaire de toute démarche marketing.

Il n'est pas rare de rejeter systématiquement ses torts sur autre chose pour expliquer ses propres difficultés. Peut-être tout simplement parce que cela semble nous procurer un soulagement momentané ? Ou bien parce que pour valoriser notre propre image, nous nous laissons guider par un mécanisme inconscient bien identifié qui nous pousse à dévaloriser l'autre ou l'environnement au sens large ? De ce fait, il nous arrive fréquemment de considérer nos confrères artistes comme des rivaux : plus ils gagnent, moins il nous en reste. Mais si tel est le cas, êtes-vous vraiment sûr qu'il existe un système d'étalonnage qui permette d'établir un classement des artistes[1] ? Pour préserver les apparences, nous semblons nous réjouir de leurs réussites. Mais au fond de nous-mêmes, sommes-nous totalement sûrs de ne pas enrager de leur succès ?

Aussi paradoxal que cela puisse paraître, la situation « Je suis OK, vous n'êtes pas OK » ne peut conduire à la réussite. Pour envisager les situations « gagnant-gagnant », il faut être convaincu qu'il est parfaitement inutile et stérile de raisonner par dichotomie (le bon et le mauvais ; le fort et le faible ; l'art abstrait ou le figuratif ; gagner ou perdre ; réussir ou échouer, etc.) et qu'il faut partir du principe « qu'il y aura du gâteau pour tout le monde », car dans le domaine artistique (contrairement au monde du sport par exemple), **le succès de l'un ne dépend pas de l'échec de l'autre.**

Les artistes gagnants se réjouiront sincèrement des ventes réalisées sous leurs yeux par leurs confrères, car ils y ver-

---

1. *Salut l'artiste, op. cit.*, p. 166.

ront le signe d'un environnement porteur. Ils dévoileront sans pudeur et de façon authentique leur enthousiasme, développant envers les autres une attitude empathique et sincère. Les autres, eux, préféreront sans doute que personne ne gagne car dans ce cas, être perdant fait moins mal…

L'attitude positive

L'artiste entrepreneur développe une attitude positive indispensable à la réussite de son activité artistique. Elle lui permet de transformer les problèmes, contraintes et contretemps en autant de défis à relever. Enseignée en milieu sportif comme professionnel, l'attitude positive peut se résumer en **trois points clés**.

Transformer l'énergie négative en énergie positive

Tout travail artistique libère des émotions et de l'énergie. En tant qu'artiste, vous vivez pleinement votre passion et en faites parfois votre unique métier. Dans ce cas, comme pour toute profession, vous aurez tout intérêt à vous aérer l'esprit et à trouver des soupapes pour évacuer le stress. Pourquoi ne pas vous engager en tant que bénévole dans une association de votre quartier (culturelle ou non), prendre le temps de lire, de sortir ou de faire du sport ? Ne considérez pas ces instants de détente comme une perte de temps. Il va de soi qu'un état d'esprit plus détendu et plus ouvert permet souvent de convertir des situations de type perdant-perdant en structures gagnant-gagnant.

Prendre du recul

Avant de prendre des décisions, vous aurez tout intérêt à analyser la situation pour bien la comprendre et l'appréhender. Écoutez, analysez et agissez en conséquence, de façon posée. Je vous invite à coucher sur le papier vos objectifs stratégiques, ainsi que vos plans d'actions opérationnels avant d'engager toute action. Si vous sautez cette étape, il vous faudra certainement apporter dans un second temps des modifications coûteuses, en temps et en argent.

S'inscrire sur du long terme

Il est facile de considérer un échec comme le facteur empêchant la réussite d'un projet ou bien une réussite comme l'élément générateur du succès. Mais dites-vous bien qu'un échec ou une erreur ne remet que rarement en question la totalité d'un projet. Pareillement, un seul succès, petit ou grand, ne garantit pas la réussite de toute une carrière artistique. *A posteriori*, vous constaterez que la réussite se compose d'une succession d'erreurs, d'échecs et de succès. Aussi surprenant que cela puisse paraître, Paul Arden nous apprend que dans la dernière entreprise où il a travaillé, « *on n'était pas renvoyé pour ses échecs, mais pour son manque d'initiative*[1] » En adoptant une vision à long terme sur votre parcours artistique, vous éviterez ainsi les « coups de cafard »… et garderez la tête sur les épaules en cas de bonne nouvelle !

---

1. *Vous pouvez être ce que vous voulez être*, op. cit., p. 50.

Savoir-être n° 2

ÊTRE À L'ÉCOUTE

Comme nous l'avons défini précédemment, être à l'écoute, c'est d'abord respecter la vision de l'autre sans porter de jugement. C'est accepter son point de vue sans passer ses paroles au filtre de votre propre grille de valeurs. C'est prendre le recul nécessaire à l'analyse et à la formulation d'un discours approprié accordé avec celui de votre interlocuteur.

Écouter, c'est commencer par se taire et laisser l'autre parler. En y réfléchissant bien, n'avez-vous pas l'impression que finalement, lorsque votre interlocuteur s'exprime, vous êtes déjà bien souvent en train de préparer vos réponses au lieu de l'écouter ?

Vive le silence !

L'écoute passe donc forcément par des phases de **silence**. *« Accommodé avec un regard et un sourire appropriés, le silence peut donner d'excellents résultats »*, note Jean Echenoz dans son roman couronné par le prix Goncourt, *Je m'en vais* (Éditions de Minuit, 1999).

Le silence est une marque de respect accordé à l'autre.

Un silence accompagné d'une écoute active vous sera d'une aide précieuse pour créer un climat propice à la vente de vos œuvres. En effet, centré sur votre interlocuteur, vous serez capable de capter dans la conversation que vous engagez avec lui les messages tant verbaux que non verbaux sur lesquels vous allez vous appuyer pour faciliter l'acte d'achat et lever les objections. Sachez que le non-verbal représente environ 70 % de toute communication ; il peut s'agir d'une position corporelle (retrait ? proximité ?), d'un hochement de tête (doute ? acquiescement ?), d'un ton de voix plus ou moins marqué, d'une émotion perçue dans le regard de l'autre, etc.

Des outils utiles

Outre le silence, d'autres outils sont à votre disposition pour développer une écoute active efficace envers vos clients ou vos prospects.

Le questionnement

Il permet de clarifier et de préciser le discours de vos interlocuteurs. N'hésitez donc pas à les questionner, non seulement sur ce qu'ils ont vu ou entendu (éléments factuels), mais également sur ce qu'ils ont ressenti (domaine émotionnel) ou pensé (opinion, jugement). Privilégiez autant que possible les questions ouvertes.

La reformulation

Elle consiste à dire sous une autre forme ce qui a été exprimé par vos interlocuteurs (par exemple, « *Si je comprends bien, cette photographie vous intéresse parce qu'elle représente…* ») de façon à leur signifier que leurs messages ont bien été entendus et compris. La reformulation sert avant tout à valoriser l'autre.

La synthèse

Elle consiste à résumer à la fin d'une séquence de communication les informations transmises par votre interlocuteur sous forme de messages clés. La synthèse permet de mettre en valeur les idées développées par l'autre.

Ces techniques d'écoute ne sont naturelles chez aucun d'entre nous. Vous les acquerrez d'autant plus facilement que vous en percevrez les bénéfices susceptibles d'en être retirés. Alors, testez-les sans plus attendre !

Savoir-être n° 3

S'OUVRIR

L'ouverture sur soi

Il est capital de savoir (et surtout de pouvoir) parler de soi à un public que vous ne connaissez pas forcément. C'est d'ailleurs l'un des premiers enseignements dispensés aux étudiants en art : savoir se présenter en adoptant une attitude active et personnelle.

J'ai récemment demandé à un jeune sculpteur de m'expliquer ce qui l'avait inspiré pour créer ses œuvres. Il m'a répondu : *« Je n'aime pas parler de moi, et ce n'est pas à moi d'en parler. »* Imaginez deux secondes qu'il ait dit la même chose à un client potentiel : je pense que ce dernier se serait détourné bien vite de son travail et aurait tranquillement poursuivi son chemin en passant au stand suivant !

Comme nous l'avons vu précédemment, il est vrai que les artistes mettent souvent leur vie, leurs émotions et leurs sentiments au cœur de leur art ; il n'est donc pas toujours évident pour eux de parvenir à se découvrir. Si c'est votre cas, apprenez pas à pas à parler de vous, à exprimer vos émotions auprès de votre public.

De façon générale, dans le domaine de l'art, vous avez déjà sans doute remarqué que l'information du spectateur revêtait une grande importance. Vos œuvres méritent d'être commentées, expliquées. *« Je n'arrive pas à entrer dans votre œuvre ; je n'ai pas trouvé la clé. Pourriez-vous me guider ? »,* demandait dernièrement un critique d'art à une amie artiste peintre. Il a été absolument heureux qu'au-delà de l'aspect purement descriptif de son œuvre, cette dernière lui fasse partager ses sources d'inspiration et les émotions qui l'avaient guidée pour sa réalisation.

Pour le prospect comme pour le client occasionnel ou fidèle, qu'il soit amateur d'art ou non, la démarche de l'artiste qui a produit l'œuvre « *compte tout autant, sinon plus, que l'apparence formelle de l'œuvre*[1] ». Bien souvent, j'ai pu constater que **c'est uniquement sur la personnalité d'un artiste et sur ses propos qu'est susceptible de se déclencher un acte d'achat.** Pour marquer les esprits, il faut donc s'ouvrir et communiquer.

L'ouverture sur les autres

Revenons un instant sur la notion d'écoute, car l'ouverture sur les autres est avant tout sous-tendue par une écoute bienveillante de l'autre, qu'il soit acheteur, client fidèle, prospect, ami ou confrère. En effet, écouter, c'est aussi être ouvert positivement à toutes les idées, à tous les sujets, à toutes les solutions, sans jamais chercher à interpréter ni à juger.

Vous pourrez constater que dans les phases de prévente ou de vente de vos œuvres, cette compétence vous sera d'une aide précieuse. Faire barrage à vos éventuels jugements, *a priori* et critiques vous demandera certainement des efforts.

Halte aux jugements !

Si un client vous achète une œuvre parce qu'il a pour objectif de décorer sa salle de bains, respectez son choix sans porter

---

1. *Le marché de l'art contemporain, op. cit.*, p. 38,39.

de jugement. De même, si un prospect intéressé par votre travail vous fait une objection, recevez-la sans jugement ni contradiction.

Halte aux *a priori*!

Ne vous fiez jamais aux apparences de vos interlocuteurs (tenue vestimentaire, allure générale, qualité d'expression, niveau de langage, etc.). Lors d'un vernissage auquel j'ai récemment été invitée, quelle surprise de m'apercevoir que derrière un homme d'allure et de tenue fort décontractées (ceci est un euphémisme!) se cachait un célèbre collectionneur d'art parisien!

Comme le résume le galeriste parisien Hervé Loevenbruck, *« les plus belles ventes sont celles que l'on fait avec ceux qui n'ont pas beaucoup d'argent, mais qui éprouvent un véritable désir pour l'œuvre*[1] *»*. Il est vrai que pour un même niveau de revenu, les styles de vie et les comportements d'achat peuvent être très différents.

Halte aux critiques!

Il n'est pas rare d'entendre des artistes critiquer leurs confrères, exprimant ouvertement qu'ils n'apprécient pas leur travail ou qu'ils ne les aiment pas sous prétexte qu'ils les trouvent arrogants, prétentieux ou bien tout simplement parce qu'ils parviennent à vendre régulièrement leurs œuvres! Comme nous l'avons vu plus haut, retenez ce grand principe de communication enseigné par le marketing qui veut que lorsque vous critiquez les autres, vous leur faites quoi qu'il arrive de la publicité. Alors concentrez-vous sur vous et misez sur votre différence!

---

1. Loevenbruck, H., in *L'art contemporain à Paris*, *op. cit.*, p. 47.

L'ouverture sur d'autres sources de *business*

Comme nous l'avons souligné en préambule de cet ouvrage, rares sont les « artistes stars » qui parviennent aujourd'hui à vivre confortablement de leur art ; ils sont nombreux (amateurs comme professionnels) à mener de front plusieurs activités professionnelles, complémentaires ou non de leur activité artistique.

Sans aller jusqu'à vous lancer dans la pluriactivité, rien ne vous empêche, si vous ne parvenez pas à répondre à vos objectifs financiers grâce à votre plan d'action artistique, d'envisager d'autres sources de *business*. Vous allez rechercher des idées de nouveaux produits ou d'amélioration de votre travail actuel, ou encore de nouveaux services susceptibles de renforcer la fidélisation de vos clients. *In fine*, votre objectif en tant qu'artiste entrepreneur sera de « *détecter un besoin non satisfait qui représente en même temps une opportunité de rentabilité*[1] ».

Confronté à une concurrence de plus en plus forte, l'entrepreneur que vous êtes se doit, dans les actions qu'il engage, de faire preuve **d'initiatives innovantes** capables de le **différencier**. Vous le constatez : le développement de votre *business* laisse la part belle à votre créativité. Voilà une bonne occasion de faire travailler votre cerveau droit !

L'artiste entrepreneur, comme tout bon chef d'entreprise, doit donc être en mesure de **penser différemment**, en sortant des sentiers battus. En anglais américain, nous dirions, selon l'expression aujourd'hui largement utilisée en entreprise, que l'artiste doit penser « *out of the box* ». C'est l'une des qualités essentielles requises par tout entrepreneur. Finalement, l'artiste y a sans cesse recours lorsqu'il crée et produit des œuvres originales, alors pourquoi ne pourrait-il pas transposer cette créativité à son *business* ?

---

1. *Le marketing selon Kotler, op. cit.*, p. 40.

En pratique

Proposer de nouveaux produits et services

Par exemple, pourquoi ne pas faire éditer des cartes postales tirées de vos œuvres ? Ou bien donner des cours ? Ou encore écrire un livre sur votre passion ? Que pensez-vous enfin de proposer la location d'œuvres pour les collectivités ou entreprises de votre région ? Quelques sociétés se sont récemment lancées sur ce créneau très porteur de la location d'œuvres d'art ; vous pourriez leur présenter votre offre ou vous lancer vous-même sur ce créneau. De même, avez-vous déjà pensé à proposer vos services de graphiste à des entreprises en vue de contribuer à la création de leur logo ? Avez-vous songé à vous lancer dans le secteur actuellement très porteur du design ? Etc.

Savoir-être n° 4

ACCEPTER LA REMISE EN QUESTION

« On a tort d'avoir raison, car ceux qui ont raison sont des gens englués dans le passé, des gens ternes et suffisants, à l'esprit rigide. Il n'y a rien à en tirer[1] », estimait Paul Arden.

Nombreux sont les artistes débutants comme plus expérimentés qui hésitent à se remettre en question, pensant à tort qu'ils sont toujours sur la bonne voie. Ils enchaînent les manifestations avec acharnement, harcèlent des diffuseurs d'art pas toujours bien ciblés, persuadés qu'ils mettent systématiquement en œuvre les bons supports de communication pour véhiculer leur image et leur travail… Ils n'acceptent que trop rarement les critiques et les objections (tout dépend toutefois de qui elles émanent…). Ils ne recherchent pas systématiquement les conseils de leur entourage. Plutôt que de demander : *« Qu'est-ce qui ne va pas dans mon projet ? Comment faire pour l'améliorer ? »*, ils préfèrent recevoir des compliments de la part de personnes susceptibles d'aller dans leur sens.

Il est certes souvent bien plus aisé de ne rien demander et de recevoir des louanges, plutôt que de s'exposer à la critique, d'autant plus que nous avons toujours tendance à faire fi de ce que nous considérons comme « désagréable » pour ne retenir au final que ce qui nous arrange. Or, en tant que chef d'entreprise, l'artiste entrepreneur saura suivre les réactions de ses clients et de son marché, évaluer ses

---

1. *Vous pouvez être ce que vous voulez être, op. cit.*, p. 55.

résultats et mettre en place des actions correctrices afin de dynamiser son *business*.

S'il est déçu par ses résultats, il sortira immédiatement de l'impasse en se posant la question de savoir ce qui s'est passé, afin de pouvoir en tirer des plans d'actions efficaces pour l'avenir.

Il est donc capital de reconnaître rapidement ses erreurs, de les corriger et d'en tirer des leçons. Ne pas le faire reviendrait à commettre une nouvelle erreur…

En pratique

Accepter de revoir son positionnement prix

S'il y a bien un domaine où le refus de se remettre en question se fait fortement sentir chez les artistes, c'est certainement celui du positionnement du prix de leurs œuvres. Dès les premières pages de cet ouvrage, je vous ai fait partager ces paroles d'artistes récurrentes telles que « *Je ne peux quand même pas baisser mes prix !* » ou encore « *Je ne veux pas baisser mes prix* ». Je vous avoue être toujours déconcertée lorsque je constate avec quel aplomb les artistes défendent leur point de vue sur le sujet.

En effet, sous prétexte qu'ils ont passé des heures à travailler sur leurs créations, qu'ils ont dépensé beaucoup d'argent dans l'achat de matériaux, qu'ils sont parvenus à vendre une ou deux fois une œuvre à prix fort ou encore qu'ils sont convaincus (sans même avoir essayé !) que le fait de baisser leurs prix entraînerait *de facto* une dévalorisation qualitative de leur travail, ils ne semblent pas prêt à accueillir quelque conseil que ce soit sur le sujet.

Je pense qu'ils ont tort et qu'ils devraient réfléchir à deux fois aux objections (explicites ou tacites) soulevées par leurs prospects, surtout s'ils ne disposent pas d'une cote établie dans le temps leur permettant d'asseoir une stratégie de prix élevés.

Ainsi, l'artiste entrepreneur devra se remettre en question, changeant ses projets ou ses pratiques en cours de route quand la situation l'exige. Cela ne signifiera pas pour autant qu'il se dévalorisera. Bien au contraire ! Il se rapprochera de la position de vie « gagnant-gagnant » décrite dans les premières pages de cette troisième et dernière partie.

Savoir-être n° 5

SAVOIR DIRE « NON »

Il est souvent plus facile de répondre par la positive que par la négative ; sans doute par peur de décevoir, de ne pas être aimé ou de se confronter à l'autre.

L'objectif n'est pas de vous livrer ici une analyse fine des mécanismes psychologiques qui nous freinent à nous affirmer par la négative, mais plutôt de vous permettre d'identifier dans quelles circonstances, en tant qu'artiste, il vous sera utile, voire indispensable, de savoir dire « Non ».

Dire « Non » à soi et aux autres

En tant que bon gestionnaire de projet, vous allez devoir vous astreindre à dire « Non », à vos partenaires (préparez-vous dans ce cas à argumenter votre réponse), comme à **vous-même** ! En effet, comme nous l'avons expliqué dans le chapitre 6 de la partie II, relatif à la gestion de projet, la meilleure façon de consacrer suffisamment de temps à vos activités « importantes » et de pouvoir vous y atteler efficacement est de dire « Non » aux activités « pas importantes », quel que soit leur degré d'urgence. Il faudra donc sans doute accepter, par exemple, de renoncer à proposer à un prospect d'aller lui présenter une œuvre à son domicile, pour vous consacrer pleinement à l'élaboration et à l'envoi de cartons d'invitations pour vos clients fidèles en vue d'un vernissage qui se tient dans deux semaines.

Si vous acceptez de prendre en charge trop de dossiers ou de projets simultanément, vous risquez d'être vite débordé, de ne plus pouvoir gérer votre emploi du temps et de bâcler votre travail. Pour juger du bien-fondé des choix que vous allez opérer, essayez d'identifier les conséquences de ce « Non », pour vous-même comme pour votre interlocuteur.

Un non bénéfique

Aussi surprenant que cela puisse paraître, un « Non » à **vos clients** pourra dans certains cas s'avérer bénéfique. Par exemple, dire « non » à une demande de baisse de prix sur l'une de vos œuvres n'implique pas pour autant que vous ne parviendrez pas à la vendre son prix initial. De même, j'ai pu constater à plusieurs reprises qu'un non pouvait entraîner un oui de la part d'un prospect ou d'un client dans un cas bien précis : quand vous osez le conseiller de ne pas acquérir vos créations !

En pratique

Conforter les prospects hésitants

Prenons l'exemple d'un prospect qui apprécie deux d'entre elles au point d'être prêt à effectuer un acte d'achat, mais qui hésite entre les deux. Vous allez le questionner (à l'aide de questions ouvertes) et reformuler ses propos, afin de bien identifier et analyser les raisons de son choix ou de son non-choix.

S'il vous objecte que la thématique de votre photographie risque de ne pas correspondre à l'atmosphère de sa chambre à coucher ou que la couleur verte de votre tableau n'ira sans doute pas avec son canapé rouge, analysez ces remarques et si vous pensez qu'elles peuvent être justifiées,

.../...

sentez-vous à l'aise pour le *conforter* dans son opinion plutôt que de vouloir à tout prix le convaincre du contraire.

Votre interlocuteur appréciera sans doute votre démarche. Il se sentira écouté, valorisé et libre de faire le choix qu'il a envie de faire… Je suis prête à parier qu'il achètera l'une de vos œuvres… ou les deux !

Le poids de l'expérience

Enfin, vous constaterez qu'au fil des années d'expérience artistique, il vous sera de plus en plus facile de dire « Non », par exemple à des **diffuseurs d'art ou organisateurs** de manifestations. Un artiste amateur débutant aura sans doute tendance à se hâter de répondre positivement à toute sollicitation visant à faire connaître son travail auprès du public et à accroître sa notoriété. Désireux de multiplier les événements lui permettant une visibilité plus importante, il en oubliera trop souvent de confronter ces propositions avec ses objectifs artistiques stratégiques, son positionnement et se précipitera pour renvoyer son dossier de candidature (souvent accompagné d'un chèque…) avant même d'avoir calculé le retour sur investissement de l'opération, ainsi que l'impact que cette dernière aura sur son CV (et donc, *in fine*, sur sa carrière). Par exemple, si vous visez une carrière internationale, exposer vos œuvres sur un marché locorégional risque fort de ne pas vous apporter les bénéfices escomptés. De même, accepter d'exposer votre travail dans une galerie qui vous a démarché et dont la réputation est de pratiquer une politique commerciale agressive, risque de ne pas vous apporter la reconnaissance attendue, voire de dévaloriser votre image.

Pour parvenir à opérer des choix raisonnés et posés, il faut une confiance en soi absolue. Il faut être convaincu que votre travail mérite d'être présenté dans des lieux et par des diffuseurs que vous avez vous-même choisis. Si vous avez précisément défini quel artiste vous rêvez d'être, vous savez donc quels sont vos objectifs et connaissez la meilleure façon de les atteindre.

Savoir-être n° 6

AIMER SORTIR

Les artistes affectionnent leur atelier, lieu intime et secret au sein duquel ils créent sans répit leurs œuvres. Il est vrai que l'atelier, au-delà de réunir les conditions matérielles de production des œuvres, « *est l'endroit où se déploient les rêves de l'artiste, où ses émotions prennent corps*[1] ». Par ailleurs, il contribue à l'image de marque de l'artiste et à sa réputation à travers ses fréquentations. À ce titre, vous noterez que les organisateurs de manifestations artistiques sont de plus en plus nombreux à solliciter une visite de votre atelier avant de valider votre inscription définitive à un salon ou à une foire d'art contemporain.

Il ne fait aucun doute que l'artiste se sent bien dans son atelier. Ce serait cependant une erreur que de vivre reclus face à son chevalet ou derrière son écran d'ordinateur (outil aujourd'hui indispensable à tout artiste entrepreneur). Si vous avez décidé de promouvoir votre art dans une logique entrepreneuriale, dites-vous bien que ce n'est pas en restant cloîtré dans votre atelier que vous y parviendrez ! Nous l'avons vu précédemment (lire page 51), l'art est un produit particulier pour lequel il n'y a pas de demande, de besoins précis exprimés par les consommateurs[2]. C'est donc à vous d'indiquer au public que vous existez en tant qu'artiste et de le prouver !

---

1. *Salut l'artiste*, op. cit., p. 77.
2. *Art et marketing*, op. cit., p. 11, 31 et 32.

Sortez

Il s'agit de **nouer de vrais contacts** avec des pairs, des diffuseurs d'art, des conférenciers, etc. Souvenez-vous que dans le domaine de l'art, le tissu relationnel revêt une importance capitale. Vous pourrez ainsi noter que le travail en équipe se développe énormément grâce à la mise à disposition d'espaces collectifs permettant la création, la discussion ou la formation. Ce système de mutualisation des ressources et de collaboration permet d'enrichir les créations et les projets par les **échanges** qui s'établissent entre les artistes.

Sortez pour « sentir le vent » des nouvelles tendances artistiques, enchaînez les manifestations, **mettez-vous en avant** à toute occasion (vernissages, expositions de confrères, conférences, démarchage auprès de marchands d'art ou de professionnels, etc.).

En partant à la découverte de galeries ou de centres d'exposition, vous vous rendrez compte que les rencontres sont plutôt faciles, les artistes disponibles et les galeristes abordables (même si vous êtes pourtant nombreux à vous plaindre de leur manque d'ouverture).

De même, en participant à des vernissages, vous pourrez **aller à la rencontre** d'artistes et de personnes influentes dans le domaine de l'art. Pour vous tenir informé des dates de vernissages, inscrivez-vous sur la *mailing list* des galeries ou consultez les *flyers* disponibles dans les centres d'exposition, les galeries ou les librairies spécialisées.

Échangez

Échangez avec vos confrères, qui sont de formidables sources d'informations et de conseil et qui, par leurs critiques et leurs commentaires, pourront vous « challenger », ce qui vous poussera à vous remettre en question. Vous le ferez d'autant plus facilement que la reconnaissance de vos pairs est en général celle à laquelle vous accordez le plus de crédit[1].

Si la relation de face-à-face avec autrui n'est pas votre fort, rien ne vous empêche de trouver d'autres moyens de vous ouvrir sur le monde et de rester connecté avec l'environnement qui vous entoure. Ainsi, communiquez par *e-mail* avec vos amis confrères, prévenez régulièrement votre entourage des nouveautés de votre travail, multipliez vos contacts à travers les réseaux sociaux (pourquoi ne pas vous lancer dans la création d'un fan-club ?), participez à des forums de discussions spécialisés (techniques artistiques, bonnes idées, histoire de l'art, *feed-back* sur des expositions, etc.), partagez votre histoire et vos activités sur un blog.

---

1. *Salut l'artiste, op. cit.*, p. 12.

S'ACHARNER

« *L'art n'est pas une vocation, mais une obsession* », soutient le journaliste et spécialiste en architecture Gilles de Bure[1]. En effet, que l'on ait décidé ou non d'en faire son activité professionnelle, l'art demeure quoi qu'il en soit un travail continu, un acharnement. « *Croire que l'on peut être artiste occasionnellement, c'est confondre la distraction, l'agrément et l'art* », note Isabelle de Maison Rouge[2]. L'assiduité doit être de mise chez les artistes. Elle passe notamment par la fixation de règles qui rythment leur journée et leur temps de travail.

Volonté et détermination

Même si la création de l'artiste est avant tout guidée par un besoin profond, il n'en demeure pas moins qu'en matière de *business*, tout est question de **volonté** et de **détermination**. « *La plupart des gens riches et puissants ne sont pas particulièrement doués, sympathiques, cultivés ou beaux. Ils deviennent riches et puissants parce qu'ils* **veulent**[3] *être riches et puissants*[4] », notait Paul Arden.

---

1. *In Artension, op. cit.*, p. 7.
2. *Salut l'artiste, op.cit.*, p. 65.
3. Passage souligné par l'auteur.
4. *Vous pouvez être ce que vous voulez être, op. cit.*, p. 2.

Les artistes entrepreneurs sauront gérer leur activité artistique de façon proactive, dans la voie qu'ils auront choisie. Loin de réduire leur courage, les obstacles (par exemple, le refus d'une candidature à un salon réputé, une baisse de chiffre d'affaires imposant une révision du plan promotionnel annuel, etc.) les conduiront à redoubler d'énergie pour parvenir à leurs fins.

Patience

La persévérance va de pair avec la **patience**. Préférez une longue persévérance qui vous permettra d'atteindre vos objectifs stratégiques de moyen-long terme à un gros effort réalisé sur une courte période et centré sur des réalisations de court terme. Le « tout, tout de suite » réveille peut-être en nous notre enthousiasme d'enfant, mais je reste convaincue que la clé de la réussite est la croissance durable. Ainsi, il ne suffit pas d'atteindre ses objectifs mensuels ou trimestriels ; encore faut-il réaliser les investissements nécessaires pour y parvenir à horizon un an, trois ans ou cinq ans.

Espérance

La persévérance va aussi de pair avec l'**espérance**. Ne lâchez pas prise, même dans les périodes d'activité « calmes » où le succès n'est pas toujours au rendez-vous. Il faut toujours insister, recommencer et recommencer. La voie du succès est en effet toujours pavée d'échecs, de refus, de doutes et de remises en question.

Assiduité

L'assiduité dans le travail revêt une importance toute particulière; halte aux idées reçues selon lesquelles le métier d'artiste n'est pas un vrai métier! En effet, ce n'est pas parce qu'il n'est pas tenu de pointer le matin ou qu'il n'est pas contraint de respecter de codes vestimentaires imposés qu'il n'exerce pas un vrai métier!

En pratique

Un métier comme un autre

Une artiste peintre me racontait que chaque jour, elle s'astreignait à s'habiller «comme si» elle allait au bureau, me mentionnant qu'elle attachait une grande importance à enfiler ses chaussures à talon et à se maquiller! Pour elle, il s'agissait de signes qui lui permettaient de valoriser son métier d'artiste, pour elle comme pour son entourage.

Cette justification souvent obligée envers ses proches naît du fait que trop souvent, on oublie que derrière la « simple » mission de création se cachent les multiples activités *à la fois* stratégiques et opérationnelles telles que la confection de cartes de visites, l'emballage d'œuvres, le repérage de lieux d'exposition, le suivi de la comptabilité, la mise à jour du fichier clients, les invitations à un vernissage ou encore l'établissement d'une liste de prix cohérente. Et vous savez à quel point cette liste est loin d'être exhaustive!

Savoir-être n° 8

SOURIRE

Qui, dans un supermarché, préfère se diriger vers la caisse où l'hôtesse fait la grimace ? De même, dans un restaurant, qui laisse spontanément un pourboire à un serveur désagréable ? Et combien acceptent d'y retourner déjeuner ? Il ne fait aucun doute qu'un visage souriant et détendu invite à la rencontre, alors qu'un visage fermé et crispé donne immédiatement envie de quitter les lieux !

Quel que soit le milieu dans lequel vous évoluez, privé ou professionnel, vous avez pu constater qu'un sourire facilite bien des démarches. Dans le domaine de l'entrepreneuriat et de la vente, c'est encore plus vrai. *« L'homme qui ne sait pas sourire ne devrait pas tenir boutique »*, nous enseigne à ce titre un vieux proverbe chinois.

Votre sourire sera une arme redoutable pour mener à bien vos objectifs *business*.

Pour faciliter les échanges

Dans un premier temps, il saura accueillir votre interlocuteur et faciliter les échanges. Votre sourire signifiera pour vos prospects ou vos clients que vous êtes heureux de les rencontrer et d'engager la conversation avec eux. Si vous vous forcez à sourire, vos interlocuteurs ne manqueront pas de ressentir un manque de décontraction de votre part (ils pourront même aller jusqu'à vous trouver hypocrite), ce qui ne les mettra pas dans de bonnes conditions pour apprécier votre travail. En revanche, un sourire sincère, authentique, qui vient du fond du cœur, laissant transparaître votre motivation, votre passion et votre joie intérieure permettra de créer immédiatement un climat propice à la vente. Là encore, veillez donc à la congruence (lire pages 138-139).

Pour rassurer

Dans un second temps, notamment dans les phases de négociation et de vente de vos œuvres, votre sourire contribuera à rassurer. En effet, comme le faisait remarquer le philosophe Alain, « *[...] le sourire appelle le sourire : il rassure l'autre sur soi et toutes les choses autour*[1] ». Votre œuvre a une grande valeur pour celui ou celle qui fait la démarche de l'acquérir et dans le domaine de l'art comme dans celui du luxe, de l'immobilier ou de l'automobile, il est primordial d'être en mesure de signifier à l'acheteur qu'il a fait un bon choix. Votre sourire vous y aidera.

En toutes circonstances

Même si vous n'avez aucun mal à concevoir que toute réussite passe par le sourire, il s'avère que cela est bien souvent plus facile à dire qu'à faire. En effet, les artistes avancent dans le doute, renforcé par un contexte économique incertain. Dans bien des cas, ils sont amenés à envisager une activité professionnelle parallèle moins « risquée », complémentaire ou non de leur art.

----

1. Extrait des *Éléments de philosophie* (1941).

Alors il est vrai que dans ces conditions, il faudra parfois vous «faire violence» si le succès n'est pas toujours au rendez-vous, ou que la période est particulièrement difficile… Soyez toutefois convaincu qu'à ces périodes d'incertitude succéderont des périodes plus fastes. Alors, dès que vous serez en contact avec le public, essayez de mettre de côté ces moments de doute ou de découragement, car vos clients ou vos prospects n'ont en aucun cas à subir vos états d'âme. Efforcez-vous donc de faire bonne figure en toutes circonstances en vous laissant porter par votre énergie créatrice !

En pratique

Exercice à pratiquer devant un miroir

Même si vous êtes de mauvaise humeur, je vous suggère de vous astreindre à cette gymnastique quotidienne, largement pratiquée par les acteurs de cinéma et de théâtre, qui consiste à sourire devant un miroir (celui de votre salle de bains ou de votre rétroviseur de voiture, par exemple). Pratiquez un sourire total, qui sollicite tous vos muscles faciaux :

- Souriez avec votre bouche (vos dents apparaissent, vos joues remontent et se bombent, les muscles peauciers de votre cou se tendent).

- Souriez avec vos yeux (vos sourcils se détendent, vos yeux se plissent légèrement et pétillent).

- Redressez-vous.

Plus vous le pratiquerez, plus cet exercice vous paraîtra facile à réaliser, et plus vous vous sentirez à l'aise en souriant. Il sera alors temps de passer à l'action : lors de votre prochaine exposition, fixez-vous par exemple pour objectif d'accrocher le regard d'au moins cinq curieux qui admirent vos œuvres et souriez-leur. Il y a fort à parier qu'ils engageront la conversation… et auront envie d'aller plus loin avec vous !

Conclusion

Quelles que soient la nature de la carrière artistique qu'il ambitionne et la notoriété qu'il recherche, l'artiste a besoin, pour nourrir sa carrière artistique et exister, que ses œuvres soient remarquées et qu'elles suscitent l'intérêt. Finalement, peu importe presque qu'elles soient ou non appréciées par celui qui les regarde. Après tout, tout ne plaît pas forcément à tout le monde, et heureusement ! L'essentiel est de créer des œuvres qui plairont à certains à un degré tel qu'elles seront capables de créer chez ces derniers le désir de les posséder et que ce désir sera assez fort pour déclencher l'acte d'achat. N'oubliez pas qu'*in fine*, les acheteurs, amateurs d'art ou bien novices, sont seuls juges de votre travail. Toute œuvre d'art de qualité est donc susceptible d'être achetée, et pas uniquement par un cercle restreint de *happy few* amateurs de grand art.

Chaque artiste qui affiche la volonté de faire de son activité artistique une activité entrepreneuriale se lance à sa manière dans un vrai parcours du combattant pour atteindre ses objectifs *business*.

À travers la lecture de cet ouvrage, j'espère vous avoir convaincu que sera un artiste entrepreneur gagnant celui qui, au-delà de la création d'œuvres de qualité,

- aura réfléchi à la place qu'il envisage d'occuper sur la scène artistique ;
- aura précisément défini ses objectifs et leurs critères de mesure ;

- définira une stratégie claire et mettra en œuvre les moyens de communication et de diffusion les plus appropriés lui permettant d'atteindre ses objectifs ;

- saura acquérir les savoirs de base que doit connaître tout artiste ;

- véhiculera les savoir-être indispensables à sa réussite.

Pour faire en sorte de développer efficacement votre *business*, vous devrez donc sans doute ajouter à votre arc des compétences clés (savoir-faire, savoirs et savoir-être) et les mettre constamment en œuvre. Rappelez-vous également les trois règles d'or qui jalonnent cet ouvrage :

PREMIÈRE RÈGLE D'OR : ORGANISER VOTRE TEMPS SELON LE PRINCIPE DU 50/50

DEUXIÈME RÈGLE D'OR : PROCÉDER ÉTAPE PAR ÉTAPE

TROISIÈME RÈGLE D'OR : AVOIR LE RÉFLEXE « ROI » !

Que vous décidiez ou non de persévérer dans votre activité artistique et d'en faire votre unique métier, il demeurera toujours intéressant de vous référer aux compétences que nous avons traitées dans cet ouvrage. En effet, elles pourront vous être fort utiles si vous décidez de vous repositionner en termes professionnels ou de vous lancer dans une activité parallèle à votre activité artistique.

Vous l'aurez compris en lisant cet ouvrage, devenir un artiste entrepreneur ne tient pas du miracle. Vous construirez vos réussites grâce à votre vocation d'artiste, certes, mais également à votre état d'esprit entrepreneurial.

La voie de la réussite peut être longue. Le succès se bâtit sur une démarche de long terme, construite au fil du temps et des expériences.

Il vous faudra toujours avoir confiance dans votre projet, même dans les périodes d'incertitude ou de doute.

Au fond, l'essentiel n'est-il pas de parvenir à exprimer ce qui vous tient à cœur et vous sert de moteur pour vivre ?

Bibliographie

Art et management de l'art

Françoise Airiau, *Guide juridique de l'artiste amateur*, Fleurus, 2010.

Christelle Capo-Chichi, *Guide du graphiste indépendant*, Pyramid, 2009.

Patricia Fride-Carrassat, Isabelle Marcadé, *Les mouvements dans la peinture*, Larousse, 2010.

Rafael de Garay, *Art et marketing*, Ars Vivens, 2008.

Valérie Ktourza, *L'art contemporain à Paris*, Éditions Parigramme, 2009.

Isabelle de Maison Rouge, *L'art contemporain au-delà des idées reçues*, coll. « Idées reçues », Le Cavalier Bleu, 2009.

Isabelle de Maison Rouge, *Salut l'artiste*, coll. « Idées reçues », Le Cavalier Bleu, 2010.

Nathalie Moureau, Dominique Sagot-Duvauroux, *Le marché de l'art contemporain*, La Découverte, 2010.

François Warin, *L'art*, Ellipses, 2011.

Artension, hors-série n° 5, janvier 2011.

Marketing et gestion

Gary Armstrong, Philip Kotler, *Principes de marketing*, Pearson Education France, 2010.

Guy Audigier, *Marketing pour l'entreprise*, Galino Éditeur, 2003.

Jean-Luc Deladrière, Frédéric Le Bihan, Pierre Mongin, Denis Rebaud, *Organisez vos idées avec le* Mind Mapping, Dunod, 2ᵉ éd., 2009.

Philip Kotler, *Le marketing selon Kotler*, Village Mondial, 2005.

Josette Pileverdier-Latreyte, *Finance d'entreprise*, Économica, 2005.

Développement personnel et efficacité professionnelle

Paul Arden, *Vous pouvez être ce que vous voulez être*, Phaidon, 2004.

Alain Cardon, Vincent Lenhardt, Pierre Nicolas, *Mieux vivre avec l'Analyse Transactionnelle*, Eyrolles, 2005.

Muriel James, Dorothy Jongeward, *Naître gagnant*, Inter-Éditions, 2000.

Sites Internet utiles

Art et statistiques

Ministère de la Culture et de la Communication : www.culture.gouv.fr

Admical (mécénat d'entreprise) : www.admical.org

École du Louvre : www.ecoledulouvre.fr

Droit, fiscalité et création d'entreprise

La Maison des Artistes : www.lamaisondesartistes.fr (services associatifs : 11, rue Berryer - 75008 Paris) ou www.secuartsgraphiquesetplastiques.org (services administratifs : 60, rue du Faubourg-Poissonnière – 75484 Paris CEDEX 10)

Agessa : www.Agessa.org

Agence pour la création d'entreprise (APCE) : www.apce.com

Auto-entrepreneur : www.lautoentrepreneur.fr

Nom de domaine : www.gandi.net

Ministère de l'Économie, des Finances et de l'Industrie : www.minefi.gouv.fr

Administration fiscale : www.impots.gouv.fr

URSSAF : www.urssaf.fr et www.cfe.urssaf.fr

Aides au développement de projets artistiques

DRAC (Directions régionales des affaires culturelles) : www.culture.gouv.fr

CNAP (Centre national des arts plastiques) : www.cnap.fr

Index

A

accrochage 77
affiliation 126, 135
Agessa 128
ambassadeur 58
analyse budgétaire 159
anglais 108, 143
anticipation 151, 152
artiste amateur 127
artiste auteur 134
assujettissement 128
atelier 84, 201
auto-entrepreneur 134
avantage concurrentiel 43, 50, 141

B

base de données 79, 102
besoin 46, 53, 96, 190, 201
blog 85, 112, 203
book 71

C

carte de visite 70
carton d'invitation 72
Centre de formalité des entreprises 129
certificat d'authenticité 110
cerveau 62
    – droit 19, 190
    – gauche 19
commission 93
communication 78, 184
    – outils 39, 68
compte bancaire 135
CRM 38, 57
CV 71

D

déclaration
    – fiscale 128
    – sociale 128
décoration 48, 89
demande 46, 51, 100, 117, 201
démarche marketing 37
différence 38, 41, 68, 169, 179, 189
différenciation 42, 179, 190
diffusion 39, 55, 74, 170

E

écoute 102, 183, 188
EI 133
EURL 133
évolution 76, 155, 163
Excel 34, 163

F

facture 110, 129
fidélisation 58, 107, 112
frais
    – fixe 92
    – variable 92, 160
frein 96

G

gagnant 176
galerie 80
    – **virtuelle** 88
gestion de projet 147, 197

H

histoire de l'art 121

I

identité 141
    – **visuelle** 68
image 86, 101, 109, 121, 141, 151, 173, 179, 199
Internet 75, 84

L

livraison 107

M

Maison des Artistes 127
mapping 61
marché 23, 35, 38, 51, 96, 117, 169
  – de l'art 23
  – segment 54
marketing direct 73
marque 44

N

nom de domaine 69, 86

O

objectif 21, 45, 65
  – artistique stratégique 199
  – financier 35, 190
  – SMART 31
  – stratégique 22, 31, 75, 149, 206
objection 184, 189, 198
œuvre décorative 48, 168
offre 46, 51
organisation 29

P

pilotage 39, 153
plan d'action opérationnel 33, 65, 165
planning 73, 77
plan opérationnel 39
positioning paper 45, 84
positionnement 38, 41, 44, 85, 101, 179, 199
presse 84
  – communiqué 84
  – conférence 84
prévisionnel d'activité 33
prix 49, 55

  – **fixation** 91
  – liste 90, 98
production 39, 67
prospect 39, 58

Q

qualification
  – clients 58
  – **contact** 59
question ouverte 102, 184, 198

R

régime fiscal 131
règle d'or 29, 65, 160
réseau social 79, 85, 203
ROI 39, 75, 82, 97, 160, 199

S

seuil de rentabilité 93
Siret 126
stand 77, 78, 100
star 21
  – *system* 53
statut 125, 134
stratégie 38, 43, 49, 96

T

teasing 73, 78, 141
technique 167
temps 197
test 49, 66, 95, 109, 160
TVA 132

V

vente 99
  – **aux enchères** 88, 118
  – en ligne 86

Mise en pages : Compo Meca Publishing
64990 Mouguerre

Dépôt légal : février 2015
Imprimé en Allemagne par BoD